Capitaine Robert THYS

ESSAI
SUR
L'AMÉLIORATION DU RÉGIME DU FLEUVE CONGO
PAR LA
Régularisation du débit des lacs et anciens lacs congolais

Le goulot de sortie du Lac Moero à M'Pweto-Station

Comment nous pouvons :

en quelques années et pour quelques millions

Retenir, par des barrages, dans les lacs et anciens lacs congolais,
environ 67 milliards de mètres cubes d'eau,
en saison des pluies, pour les restituer en saison sèche.

Et ainsi :

Créer une voie constamment navigable entre Kiambi et Ankoro;
rendre éventuellement utilisable le bief intercalaire Kasongo-Kibombo-Kindu;
donner une profondeur d'eau suffisante au bief Kindu-Ponthierville;
supprimer les passes difficiles du grand bief Stanleyville-Léopoldville;
obtenir un ou deux pieds de plus aux basses eaux à la passe de Fetish-Rock;

Réduire notablement l'étendue des terrains inondés en saison des pluies; rendre ainsi des milliers d'hectares au domaine de la colonie et contribuer à l'assainissement du pays;

Enfin, donner à la Colonie une nouvelle réserve de 4.700.000 HP environ en forces hydrauliques, dans les régions minières du Katanga et de l'Urua.

Publié par la
Compagnie du Congo pour le Commerce
et l'Industrie

Capitaine Robert THYS

ESSAI
SUR
L'AMÉLIORATION DU RÉGIME DU FLEUVE CONGO
PAR LA
Régularisation du débit des lacs et anciens lacs congolais

Le goulot de sortie du Lac Moero à M'Pweto-Station.

Comment nous pouvons :

en quelques années et pour quelques millions

Retenir, par des barrages, dans les lacs et anciens lacs congolais,
environ 67 milliards de mètres cubes d'eau,
en saison des pluies, pour les restituer en saison sèche.

Et ainsi :

Créer une voie constamment navigable entre Kiambi et Ankoro;
rendre éventuellement utilisable le bief intercalaire Kasongo-Kibombo-Kindu;
donner une profondeur d'eau suffisante au bief Kindu-Ponthierville;
supprimer les passes difficiles du grand bief Stanleyville-Léopoldville;
obtenir un ou deux pieds de plus aux basses eaux à la passe de Fetish-Rock;

Réduire notablement l'étendue des terrains inondés en saison des pluies; rendre ainsi des milliers d'hectares au domaine de la colonie et contribuer à l'assainissement du pays;

Enfin, donner à la Colonie une nouvelle réserve de 4.700.000 HP environ en forces hydrauliques, dans les régions minières du Katanga et de l'Urua.

Publié par la
Compagnie du Congo pour le Commerce
et l'Industrie

TABLE DES MATIÈRES

INTRODUCTION

Monsieur l'ingénieur Robert THYS, qui dirigea les travaux de la mission des Forces Hydrauliques du Bas-Congo, nous soumit, il y a quelques mois, au retour d'un voyage qu'il fit en Norwège, l'idée d'améliorer la navigation du fleuve Congo, dans sa partie maritime autant que dans son cours supérieur, par la régularisation du régime de ses eaux.

Ce projet étant susceptible de conférer à la Colonie des avantages économiques importants, la Compagnie du Congo pour le Commerce et l'Industrie, fidèle à son programme d'origine, a prié Monsieur le capitaine Robert THYS d'en poursuivre l'étude pour son compte. C'est le résultat du travail de cet ingénieur que la Compagnie vient de soumettre à l'examen du Ministre des Colonies et qu'elle livre à l'attention du public et à la critique des hommes compétents.

Le Conseil d'Administration
de la
Compagnie du Congo pour le Commerce
et l'Industrie.

PRÉFACE DE L'AUTEUR

Nous n'avons voulu que POSER LE PROBLÈME de « *l'amélioration du régime du fleuve Congo par la régularisation du débit des lacs et anciens lacs congolais* » ET PROVOQUER SA MISE A L'ÉTUDE, les résultats devant être, pensons-nous, d'un intérêt capital pour l'avenir de la colonie.

Avec les données dont nous disposions, il n'était pas possible, évidemment, de solutionner un tel problème ; plusieurs années d'études et d'observations sont nécessaires, plusieurs missions spéciales devront être organisées, en Afrique.

Nous avons toutefois essayé de montrer, dans les chapitres qui vont suivre, la possibilité d'une amélioration notable du régime du fleuve par la régularisation des lacs et anciens lacs de son bassin et, également, le peu d'importance des dépenses à prévoir, comparativement aux résultats à obtenir.

Nous avons cru, enfin, montrer la facilité relative des études hydrauliques à poursuivre et la rapidité avec laquelle les premiers résultats pourront s'obtenir.

Nous tenons à remercier ici tout spécialement Monsieur A. J. Wauters, directeur du « Mouvement Géographique » et le commandant Charles Lemaire, qui fut chef de la mission scientifique du Ka-Tanga, en 1898-1900. Les calculs approximatifs et les idées développées dans la présente étude sont basés presque exclusivement sur les renseignements qu'ils ont bien voulu nous donner.

Nous remercions, d'une façon toute spéciale également, Monsieur l'ingénieur Rudolf Leuzinger, qui a participé déjà à nos études des Forces Hydrauliques du Bas-Congo et qui, dans la publication de la présente brochure, nous a prêté son concours dévoué.

Nous avons enfin, comme on le verra, fait appel aux souvenirs de Messieurs Alex. Delcommune, Francqui, Cornet, Dubreucq, Thiéry, Briart, Stappers, Beutels, etc. ; nous croyons devoir, au moment où nous essayons de poser le problème de l'amélioration du régime du fleuve Congo par la régularisation du débit des lacs et anciens lacs congolais, remercier ces différents collaborateurs pour leur obligeant concours.

Signalons, enfin, que la plus grande partie des photographies, reproduites en simili-gravure dans la présente brochure, nous ont été obligeamment prêtées par le Touring Club de Belgique.

Robert THYS.

PREMIER CHAPITRE

Généralités sur l'amélioration du régime du fleuve Congo par la régularisation du débit des lacs et anciens lacs congolais (*)

La question, en principe, est des plus simple.

L'énorme bassin du Congo s'étend sur les deux hémisphères et possède, de ce fait, un régime déjà remarquablement régulier (¹). Malheureusement, la partie du bassin au Sud de l'équateur est de beaucoup supérieure à la partie au Nord : la différence est d'environ 974.270 kilomètres carrés. (Voir notre carte du Congo Belge à la page suivante.)

Des lacs et anciens lacs, nombreux et d'étendue considérable, permettent, par l'heureuse topographie de leurs rives et par l'étroitesse des gorges et chenaux leur servant d'exutoires, de créer à fort peu de frais des réserves d'eau considérables (²) et de régler ainsi le débit d'une notable partie Sud du bassin du fleuve : plus de 581.000 kilomètres carrés, représentés en jaune sur notre carte.

La retenue de ces énormes quantités d'eau en saison des pluies limitera les grandes crues et les inondations des rives qui proviennent principalement de l'excès de superficie des bassins partie Sud sur les bassins partie Nord, tandis que la restitution de l'eau en saison sèche donnera au fleuve un débit considérablement supérieur au débit d'étiage.

En d'autres termes, quelques barrages judicieusement placés (³) nous permettraient d'être maîtres des débits provenant des parties Sud, teintées en jaune sur notre carte, et la prépondérance des parties Sud du bassin sur les parties Nord ne serait plus que de 393.270 kilomètres carrés, au lieu de 974.270 kilomètres carrés. On comprend dès lors l'influence que la régularisation du débit des lacs et anciens lacs congolais peut avoir sur le régime du fleuve.

L'étude de l'amélioration du régime du fleuve, si simple en principe, se complique singulièrement dès qu'il s'agit d'entrer dans les détails.

Le problème nécessitera, en effet, l'envoi en Afrique de plusieurs missions spéciales ayant pour but de recueillir sur place tous les renseignements nécessaires aux points de vue topographique, météorologique, hydrologique et géologique. Il est heureux de constater que ces missions

---

(*) *Nous indiquons quelques cas d'utilisation d'anciens lacs. Il est probable qu'une étude faite dans le but indiqué par ce travail, fera découvrir d'autres anciens lacs également utilisables.*

(¹) On sait qu'il pleut au Nord de l'équateur quand la sécheresse sévit au Sud et inversement. On sait également que les pluies sont à peu près régulières toute l'année pour les territoires à cheval sur l'équateur.

(²) D'après nos calculs, environ 67 milliards de mètres cubes d'eau.

(³) Voir chapitre III

auront à travailler dans des endroits dès maintenant bien spécifiés, soit au Tanganika, au Moero, dans les gorges de Kiubo (Djuo) et de N'Zilo ; le climat habitable et sain de ces parties de la Colonie facilitera leur travail.

Il sera également nécessaire d'étudier avec la plus grande attention le régime actuel du fleuve proprement dit et de ses affluents principaux. Les grandes crues, en effet, n'arrivent pas toutes en même temps au thalweg principal, et l'installation d'un *service de signalisation des crues* est, par ce fait, indispensable pour obtenir une utilisation parfaite des retenues d'eau.

Ces études hydrauliques du fleuve et de ses principaux affluents semblent, à première vue, compliquées à entreprendre, vu la multitude et l'importance des affluents. Il sera toutefois possible, pensons-nous, de ne mettre qu'un poste d'étude pour tout le bassin du Kasai, un poste pour tout le bassin de l'Ubangi, et un poste pour toute la Sanga ; la plus grande partie du bassin du fleuve sera ainsi surveillée par trois postes seulement. Les postes du Tanganika, du Moero, de Kiubo (Djuo), de N'Zilo, du lac Léopold II et du lac Tumba sont, par contre, obligés par les études de barrages ; le poste du lac Tumba pourra être combiné avec celui du confluent de l'Ubangi. Nous pensons qu'il y aura encore lieu de placer quelques postes de jaugeages en différents points du restant du bassin pour contrôler l'influence de certains affluents; par exemple pour la partie au Nord de l'équateur, aux confluents de la Mongala, de l'Itimbiri, de l'Aruwimi, de la Lindi et de la Lulonga ; pour la partie Sud, aux confluents du Lomami et de la Busira-Momboyo; pour le fleuve, à Buli, à Stanleyville, à Kwamouth et à Matadi. Les postes de Stanleyville et de Kwamouth pouvant être combinés avec ceux des confluents de la Lindi et du Kasai, le nombre maximum des postes de jaugeages ne dépasserait pas 17 à 18.

Nous verrons, au dernier chapitre de cette brochure, que ces 18 postes ne nécessiteront pas une dépense de plus de 1.090.000 francs la première année de leur fonctionnement et de plus de 350.000 francs les années suivantes. Il est inutile de faire remarquer que les études hydrauliques, poursuivies pour l'amélioration du régime du fleuve, serviront également pour l'aménagement des Forces Hydrauliques et que ces études peuvent se rattacher au *service d'études des grandes Forces Hydrauliques du Congo*, indispensable à installer, comme nous l'avons exposé dans notre mémoire à l'Institut Solvay [1].

Comme on le verra dans les chapitres suivants, le concours des Gouvernements allemand, anglais et français devrait nous être assuré pour les surélévations des niveaux des lacs Tanganika et Moero et pour l'étude du régime de certaines rivières (Oubangui, Sanga, etc.). L'amélioration du régime du fleuve Congo devant changer radicalement les conditions de navigabilité et assurer des communications parfaites entre les différentes Colonies du centre africain, les Gouvernements intéressés accorderont certainement leur concours aux travaux de régularisation ; on peut même, semble-t-il, espérer qu'ils interviendront financièrement, là où les dépenses leur incomberont plus spécialement.

Nous avons pu, dans un *devis très approximatif* (voir annexe I), fixer à *six millions maximum* la dépense totale pour toutes les études et à *deux millions environ* la dépense pour l'exécution des barrages prévus au Tanganika et au Moero.

Les résultats à obtenir sont à tel point considérables que cette dépense ne nous paraît pas devoir être considérée comme un obstacle. On verra, notamment, au chapitre IV que si l'amélioration systématique du fleuve avait été étudiée et entreprise plus tôt, on aurait probablement pu, par une simple écluse à Sendwé, éviter la construction des 200 premiers kilomètres

---

[1] Voir « *Le problème des grandes Forces Hydrauliques du Congo Belge* », mémoire présenté à l'Institut Solvay, en Février 1913.

CARTE DES GRANDES FORCES HYDRAULIQUES DU CONGO BELGE

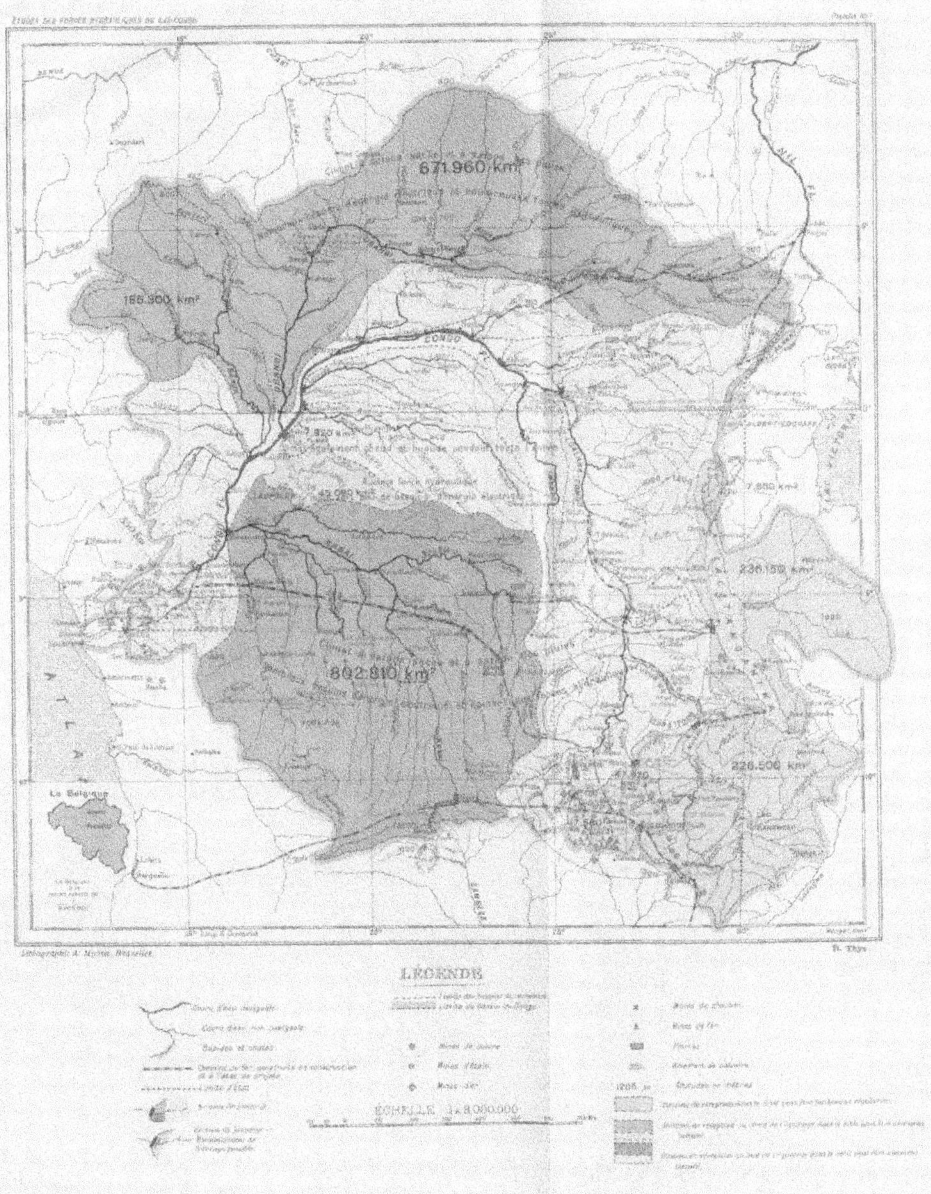

du second tronçon des chemins de fer des Grands Lacs. On verra également que la régularisation du lac Moero, donnant à la Luvua un débit constant, sensiblement égal à la moyenne de tous les débits de l'année, permettra probablement la navigation de steamers de 200 tonnes et plus, entre Kiambi et Ankoro, et modifiera complètement le projet de chemin de fer du Lualaba à M'Pweto ; on éviterait, semble-t-il, plus de 150 kilomètres de rails.

Nous croyons, du reste, intéressant de faire remarquer ici que toutes ces études ne seront entreprises que si les résultats *d'une première année de reconnaissance générale* sont favorables ; cette première année d'études ne nécessitera, comme nous l'avons exposé dans notre *devis très approximatif*, qu'une dépense de 350.000 francs environ.

* * *

En raison des conditions spéciales dans lesquelles se pose le problème, il est possible de créer au Congo des retenues d'eau d'une importance exceptionnelle, jamais atteinte à ce jour. C'est ainsi que les réserves du Tanganika et du Moero comporteront probablement 46 milliards 200 millions et 13 milliards 884 millions de mètres cubes d'eau, quand les plus grandes retenues réalisées au barrage d'Assouan en Egypte, au barrage Roosevelt en Amérique et au lac Vänern en Suède n'atteignent que 1.165, 1.600 et 8.490 millions de m³ (¹). Il est intéressant de constater que le barrage d'Assouan a 14 m. de hauteur et 1.950 m. de largeur, que le barrage Roosevelt a 79 m. 50 de hauteur et 106 m. de largeur, tandis que les barrages du Tanganika et du Moero n'auront qu'une hauteur de 3 à 5 m. sur une largeur inférieure à 250 m. pour le Moero.

Nous croyons utile de faire remarquer l'influence heureuse que le cube énorme de la retenue aura sur le prix de revient du mètre cube d'eau emmagasiné ; ce prix sera de beaucoup inférieur au prix le plus bas atteint à ce jour (0,04 cent. par m³) (²). En admettant même

(¹) A titre de renseignement, nous donnons, ci-dessous, quelques-uns des plus grands barrages déversoirs et des plus importantes retenues d'eau réalisés à ce jour :

	Hauteur	Largeur au sommet	Capacité de la retenue
Barrage du lac Vänern (Suède)	1m80		8 milliards 400 millions de mètres cubes
» Roosevelt (Arizona)	79m50	106m	1 » 600 » »
» d'Assouan (1re cataracte du Nil)	14m max 30m	1950m	1 » 165 » »
» du lac Mjösen (Norvège)			1 » 89 » »
» du lac Mrösvand (Norvège)	12m		800 » »
» d'Olive Bridge (Amérique)	44m	1500m	555 » »
» du lac de Genève (Suisse)	6m60		350 » »
» du lac Tinosei (Norvège)	2m		280 » »
Nouveau barrage du Croton (New-York)	90m	230m	122 » »
Barrage de l'Urft (Gemünd)	58m	226m	45.500 » »
» du lac Thirlmere (Manchester)	15m		38 » »
» de la Gileppe (Belgique)	45m	235m	14 » »
» du Hamiz (Alger)	38m		14 » »
» du Gouffre d'Enfer (Loire)	52m	100m	1.6 » »

(²) Citons, à ce sujet, quelques prix minima atteints dans certaines retenues en Norvège et en Suède :

Noms des lacs	Capacités des réservoirs en millions de mètres cubes	Dépenses totales en millions de francs.	Dépenses en centimes par mètre cube emmagasiné.
Mjösen (en Norvège)	1080	42	0.39
Mjösvand (»)	800	14	0.18
Vättern (en Suède)	940	1.400	0.15
Vänern (id.)	8490	2.520	0.04

que le barrage de M'Pweto revienne à deux millions de francs, tout compris, ce qui semble plus de deux fois trop fort, on n'arriverait encore qu'à *16 millièmes de cent. par m³ d'eau emmagasiné*. La situation pour le Tanganika se présente de façon encore plus économique, en admettant qu'on dépense même 2 millions, tout compris, pour la digue-barrage de 4 à 5 mètres de hauteur, on obtiendrait finalement *le m³ d'eau à moins de 4 millièmes de centime*, soit *10 fois moins cher que le plus bas prix obtenu à ce jour*.

* * *

La réalisation du projet que nous développons dans les chapitres suivants semble être *naturellement aisée*, puisqu'il ne s'agit en réalité que de tirer parti d'une *situation naturelle* existante.

Les si intéressantes études de M. A. J. Wauters sur la genèse du fleuve ont attiré, depuis de nombreuses années, l'attention du public sur le creusement des gorges et des seuils à la sortie des lacs et anciens lacs du bassin du Congo. Le problème de l'amélioration du régime du fleuve nécessitera simplement l'aménagement de barrages et de vannes dans ces gorges, de façon à pouvoir régler le débit à volonté. Il ne s'agira, comme on le voit, que d'assagir la nature et régulariser les phénomènes existants ; on arrivera ainsi à modifier *naturellement* le régime du fleuve sans s'attaquer brutalement à sa canalisation et à son aménagement, comme d'aucuns l'ont préconisé. Quelques travaux de dragage, de dérochement et de balisage sont toutefois dès maintenant nécessaires, mais devront être poursuivis avec circonspection de crainte d'être reconnus inutiles par la suite.

Les projets que nous proposons d'étudier, pour peu courants qu'ils soient, ne constituent du reste pas une nouveauté. C'est ainsi que la ville de Saint-Étienne a installé le barrage du Gouffre d'Enfer pour éviter les inondations de la Loire, que l'Égypte a construit l'énorme barrage d'Assouan pour régler les débordements du Nil, que l'Allemagne a construit le barrage de Waldeck sur l'Oder et projeté les barrages de la Malapane et de la Glatzer Neisse pour donner un tirant d'eau de 1 m. 50 au fleuve, à Breslau, et de 1 m. 40, en aval (¹), que la Suède, enfin, procède à la régularisation du lac Väner pour porter le débit minimum du Gota-Elf de 320 à 500 m³ par seconde et permettre ainsi à des steamers de 2.400 tonnes de remonter, par quelques écluses, de la mer à l'intérieur du lac (²).

Les conditions naturelles du bassin du Congo nous permettent de faire la même besogne, DANS LES MÊMES PROPORTIONS QUANT AUX TRAVAUX A EXÉCUTER, mais DANS DES PROPORTIONS 10 OU 20 FOIS PLUS FORMIDABLES QUANT AUX RÉSULTATS A ATTEINDRE.

△ △ △

(¹) Voir le *Mouvement Géographique* du 31 décembre 1911.
(²) Voir la Revue « *La Houille Blanche* », janvier 1911.

DEUXIÈME CHAPITRE

Précipitation atmosphérique, pouvoir d'évaporation, débit moyen de l'année par seconde et par kilomètre carré.

Le débit moyen de l'année par kilomètre carré et par seconde pour chaque partie du bassin du Congo dépend de la hauteur annuelle des pluies, du pouvoir d'évaporation et de la nature du sol.

La moyenne de la hauteur annuelle des pluies pour toute la Colonie est de $1^{m}35$, d'après Lancaster, sensiblement plus forte que la moyenne dans nos pays (France de 0,65 à 0,95 soit 0,80) (1).

J. Bertrand dans son livre « Le Congo Belge » publie toutefois une carte pluviométrique d'après Frauuburger, Kann, etc., qui montre que l'on ne devrait compter pour le bassin du Moëro que sur $1^{m}20$ de précipitation atmosphérique moyenne et pour le Tanganika sur 1 mètre.

Le déplacement régulier de la région des plus fortes pluies au cours d'une année est clairement mis en évidence par les différentes teintes de la carte page suivante ; on verra qu'il pleut au Nord de la Colonie quand la sécheresse sévit dans le Sud et inversement, tandis qu'il pleut d'une façon presque continue dans les régions à cheval sur l'équateur.

Au sujet de la fréquence des pluies au Tanganika, nous trouvons dans Lancaster et Meuleman (2), les renseignements suivants :

« Au point de vue de la fréquence, les pluies s'observent quatre jours sur sept » jusqu'au 1er janvier, et journellement en février, mars et avril. Les pluies de cette dernière

---

(1) Tableau des *hauteurs annuelles des pluies* constatées en différents points du bassin du Congo, d'après Lancaster (*Bulletin de l'État Indépendant du Congo*, mai 1908) :

(Moyenne de plusieurs années)

Banana	606	Umangi	1,384
Boma	930	Duma	1,186
Boko	1,529	Uere	1,879
Kimuenza	1,177	Basoko	1,659
Léopoldville	1,468	Kasongo	1,280
Bolobo	1,600	Kabambare	1,373
Lukolela	1,582	Lusambo	1,373
Irebu	1,438	Luluabourg	1,341
Coquilhatville	1,649	Lukafu	1,110
Eala	1,490	Nya Lukemba	1,295
Nouvelle-Anvers	1,575	Toa	1,093

Moyenne pour tout le Congo : 1,35.

(2) « *Le Climat du Congo* », par Lancaster et Meuleman (p. 370).

„ période sont généralement fortes, tandis que celles d'octobre à janvier sont d'intensité „ ordinaire. Leur durée est de 1 heure à 1 heure et demie en moyenne.

„ Les orages sont très fréquents.

„ Les brouillards sont nuls. Toutefois, par les temps clairs, il y a une grande évaporation des eaux du lac, produisant des vapeurs qui empêchent de voir la rive opposée. „

Si la précipitation atmosphérique est certainement plus considérable au Congo qu'en France et en Belgique, il se peut, par contre, que le pouvoir d'évaporation soit sensiblement plus fort et fasse perdre, en partie, l'avantage des pluies plus abondantes ; le débit moyen résultant pourrait, par ce fait, rester dans l'ordre de grandeur du débit moyen en nos pays. Remarquons toutefois que le pouvoir d'évaporation dépend bien plus de l'état de siccité de l'air et de l'importance des vents réguliers que de la puissance solaire ; il n'est, pour ces raisons, pas du tout certain que le pouvoir d'évaporation soit plus fort en Afrique que dans nos pays tempérés.

La question du pouvoir d'évaporation n'a, du reste, pas été suffisamment étudiée au Congo, pas plus que les autres questions météorologiques. Les observations très précises que le commandant Charles Lemaire a rapportées de sa mission scientifique du Ka-Tanga, en 1898, apportent heureusement quelques éclaircissements à ce sujet. Elles permettent d'admettre pour l'évaporation annuelle, au lac Tanganika, 1m35 de hauteur environ (mesures faites à l'aide de l'évaporomètre de Piche) [10].

Cette évaporation pour le lac Tanganika n'a rien d'excessif, comme on pourra s'en convaincre en la comparant aux évaporations de Marseille, Madère, Sydney, les Açores, etc. [11]. Il est à remarquer, toutefois, que l'évaporation pour les autres points de la Colonie sera beaucoup moins forte; l'évaporation sur un lac, en effet, se fait sentir toute l'année et est

---

[10] Observations à l'évaporomètre de Piche, faites à Moliro-station sur le lac Tanganika par la Mission scientifique du Katanga, en août et septembre 1898.

On a constaté du 12 août 1898 à 9 heures du matin jusqu'au 19 août à 9 heures 32 m/m 75 d'évaporation et du 20 août à 6 h. 30 du matin jusqu'au 16 septembre à 8 heures, 122 millimètres d'évaporation, soit 154 m/m 75 en 34 jours ou en *moyenne par journée de saison sèche 4 m/m 55 au Tanganika*.

Observations à l'évaporomètre de Piche faites à M'Pweto-station sur le lac Moero par la Mission scientifique du Katanga en novembre et décembre 1898.

Du 28 novembre 1898 jusqu'au 26 décembre, on a constaté 69 m/m 15 d'évaporation en 28 jours, soit en *moyenne par jour de saison des pluies 2 m/m 55 au Moero.*

En comptant 210 jours de saison des pluies (*) et 155 jours de saison sèche, l'évaporation totale pour un an sera de 210 × 4 m/m 55 + 155 × 2 m/m 55 = 955.5 + 395.25 = 1.350.75, *soit 1 m. 35 d'évaporation par an sur le lac Tanganika.*

(*) La saison des pluies, d'après « Le climat du Congo » par Lancaster et Meuleman, dure de la mi-octobre à la mi-mai avec 25 jours de petite saison sèche en janvier, soit 185 jours seulement ; nous avons supposé que la petite saison sèche ne se ferait pas sentir, quant à l'évaporation annuelle.

[11] Nous donnons ci-dessous, à titre de renseignement, quelques hauteurs moyennes annuelles d'évaporation :

1° D'après Kaltbrunner, aide-mémoire du voyageur, édition 1887, page 111 :

Côte de l'Amérique Sud 10 degrés au nord de l'Équateur	3 m. 52 par an
Marseille (influence du Mistral)	2 m. 30 »
Madère 30 degrés Nord	2 m. 03 »
Sydney 30 degrés Sud Australie	1 m. 20 »
Açores	1 mètre »

2° D'après le calendrier des ingénieurs suisses, 1910 :

Vallée de Bever (Wupper)	1 m. 025 par an
Etzelsee (barrage projeté)	0 m. 750-900 par an
Lac Majeur	0 m. 850 par an
Lausanne (lac Léman)	0 m. 670 »
Londres	0 m. 650 »
Lac de Zurich	0 m. 650 »
Lac de Constance	0 m. 550-600 par an

CARTES PLUVIOMETRIQUES DU CONGO (Echelle 1/25000000)

(Les moyennes d'observations ont porté sur plusieurs années)

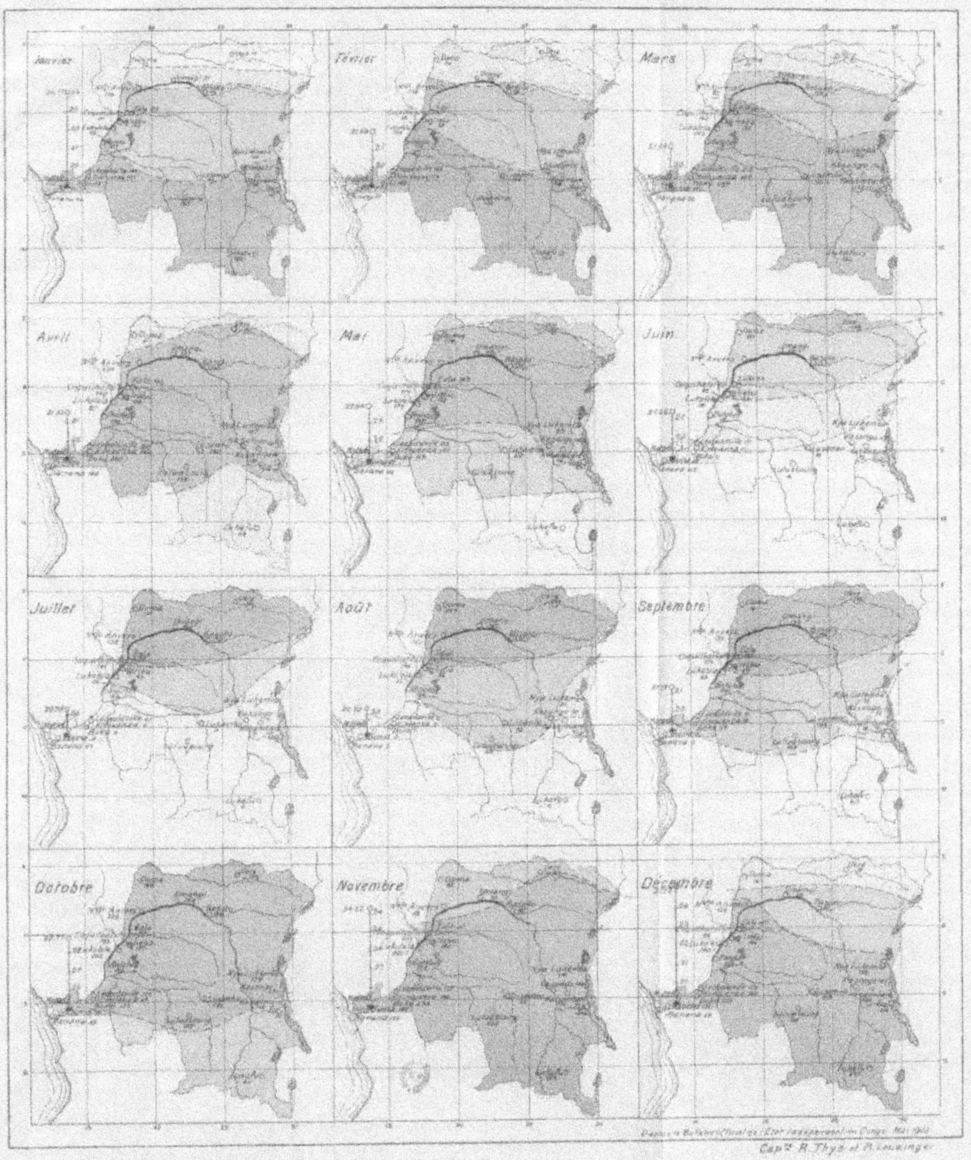

LÉGENDE

exagérée, dans le cas présent, par un vent sec, régulier en saison sèche. Nous croyons intéressant, à ce sujet, de nous reporter au *Mouvement Géographique* du 28 juillet 1912 M. le docteur Schwetz signale l'existence curieuse, au Tanganika, d'un alizé local déjà remarqué par Lemaire.

A l'intérieur des terres, on peut compter qu'un tiers de l'eau tombée est absorbé par le sol, qu'un tiers est perdu par évaporation et qu'un tiers s'écoule à la rivière. En comptant sur 1m35 de précipitation atmosphérique, on obtiendrait ainsi pour un kilomètre carré du bassin du Congo un débit pour toute l'année de 1.000.000 × 0,45, soit un débit moyen de plus de 14 litres par seconde et par kilomètre carré.

M. H. Roussilhe, ingénieur hydrographe de la marine française, qui vient de diriger l'importante mission hydrographique du Congo-Ubangi, a recherché le débit *d'étiage* du Congo au Stanley-Pool. Il a obtenu une mesure très précise de ce débit par 59 mesures du courant, en surface et en profondeur, sur la section du fleuve à la pointe Bacongo. M. Roussilhe fixe à 30.000 mètres cubes par seconde le débit *d'étiage* du Congo (8). Tenant compte de la superficie de 3.603.320 kilomètres carrés de bassin hydrographique correspondant, on arrive, pour le débit *d'étiage* du Congo, à *8,4 litres* par kil² et par seconde ; ce débit *d'étiage* montre que l'estimation à 14 litres du débit moyen par seconde et par kilomètre carré n'a rien d'exagéré.

Nous ne pensons pas, toutefois, pouvoir compter sur un tel débit moyen dans nos calculs approximatifs.

D'après M. Pacoret, l'on doit, dans nos pays, considérer comme bons bassins ceux qui donnent 10 litres à la seconde, comme *bassins moyens* ceux donnant *9 litres* et comme mauvais bassins ceux donnant 8 litres (9). Certains bassins, en général de faible étendue, atteignent pour leur débit moyen, par kilomètre carré et par seconde, des valeurs beaucoup plus considérables dépassant 40 et 50 litres (10). Pour des bassins de réception de grande étendue, il est prudent de compter sur des chiffres plus faibles. C'est ainsi que pour tous les cours d'eau de la totalité des bassins de France on compte sur 180.000 millions de mètres cubes d'eau par an ; cette évaluation représente, pour une superficie de 530.000 kilomètres carrés, un débit moyen de 5.700 mètres cubes par seconde, soit 10 litres par kilomètre carré (11).

(8) Voir *Le Mouvement Géographique* du 14 septembre 1913.

(9) « La Houille Blanche », Pacoret, édition 1911, page 94.

(10)

	SUPERFICIE en kilom. carrés	DÉBIT MOYEN par kilom. carré et par seconde en litres
Bassin de l'Arve	2 080	51
» de l'Ariège	—	46
» du Rhône à St-Maurice, d'après Tavernier	—	30
» de l'Arly, affluent de droite de l'Isère	—	23,6
» du Var	2.270	19
» du Rhône	97.800	17
» de la Durance	6.300	14,8
» du Main	27.206	13,6
» de l'Eder, en amont du barrage de Waldeck	1.420	11,1

Au Congo belge (voir nos Études des Forces hydrauliques du Bas-Congo, 1910-1911) :

Bassin de l'Inkisi	10.710 kilomètres carrés	14,4 litres
» du Kwilu	5.565 » »	12,7 »
» de la N'Guvu	720 » » } probablement	9,3 » } probablement
» de la M'Pozo	4.690 » » } trop fort	9,2 » } trop faible

(11) Voir « La Houille Blanche » de Pacoret, pages 128 et suivantes.

En fixant pour nos calculs à *9 litres* par seconde et par kilomètre carré le débit *moyen* de l'année, pour n'importe quelles parties du bassin du Congo, nous croyons rester, dans chaque cas, en-dessous de la vérité.

Les renseignements rapportés d'Afrique par les nombreux explorateurs, au sujet du débit des rivières qui nous occupent, sont malheureusement trop rares et trop peu précis pour nous permettre de vérifier si le chiffre de 9 litres par seconde n'est pas trop faible. (Nous donnons, en annexe II, les seules indications que nous avons pu recueillir.)

Nos études des Forces Hydrauliques du Bas-Congo, poursuivies pour le compte de la Compagnie du Chemin de fer du Congo, nous ont donné pour le débit moyen par seconde de la M'Pozo, du Kwilu, de l'Inkisi et de la N'Guvu, respectivement 42 mètres cubes, 71 m³, 154 m³ et 6,5 m³. Malheureusement, les cartes du pays nous renseignent d'une façon absolument trop peu précise quant à la superficie des bassins de réception et ne nous permettent pas d'établir les débits moyens par kilomètre carré avec certitude. Nous avons pu, toutefois, nous arrêter aux chiffres 9,1, 12,7, 14,4, et 9,3 litres pour les quatre rivières de cette partie de la Colonie. Il est à remarquer que la précipitation atmosphérique est, spécialement pour la M'Pozo, inférieure à la moyenne de 1m35 constatée pour l'ensemble de la Colonie et que nous avons compté sur des superficies probablement trop fortes pour les bassins de réception. Les débits moyens par kilomètre carré obtenus sont probablement trop faibles.

En conclusion, nous adopterons pour nos calculs les chiffres suivants :

Précipitation atmosphérique moyenne pour l'ensemble du bassin du Congo : 1m35.
» » » pour le bassin du Moero : 1m20.
» » » pour le bassin du Tanganika : 1 m.
» » » pour les lacs du bassin du Congo : 1 m.
Pouvoir d'évaporation maximum sur le lac Tanganika : 1m35 (influence d'un alizé local).
» » moyen sur les autres lacs du bassin du Congo : 1 m.
Perte par évaporation à l'intérieur des terres, un tiers de l'eau tombée.
» » absorption » » » » un tiers de l'eau tombée.
Débit moyen de l'année, par seconde et par kilomètre carré, pour toutes les parties du bassin du Congo : 9 litres.

TROISIÈME CHAPITRE

Calcul des retenues et importance des barrages à créer.

Nota-bene. — Les superficies des bassins hydrographiques et des lacs étudiés ont été planimétrées sur la grande carte de l'Etat Indépendant du Congo de 1907, à l'échelle de 1/1.000.000me.

Les superficies des bassins hydrographiques s'établissent comme suit :

Bassin du Tanganika	236.150	Km²
„ „ Kivu	7.550	„
„ „ Moero	226.500	„
„ „ Djuo	47.820	„
„ „ Nzilo	17.580	„
„ „ Restant du Congo Lualaba (en amont de Kindu)	274.600	„
„ „ Ubangi au nord de l'Equateur	671.960	„
„ „ Sanga et Likuala au Nord de l'Equateur	185.300	„
„ „ Restant au Nord de l'Equateur	485.740	„
„ „ Kasai	802.810	„
„ „ Léopold II	45.090	„
„ „ Lac Tumba	7.920	„
„ „ Restant au Sud de l'Equateur	658.800	„
Total du bassin hydrographique du Congo	3.668.120	Km² (*)

Les superficies des différents lacs s'établissent comme suit :

Lac Tanganika	32.850	Km² (**)
„ Moero	4.920	„
„ Léopold II	2.325	„
„ Kivu	2.235	„
„ Tumba	1.275	„

(*) A titre de renseignement nous rappelons que la superficie de la Belgique est de 29.456 km², donc *125 fois plus petite* que celle du bassin du Congo.

(**) A titre de renseignement nous donnons, ci-dessous, la superficie de quelques-uns des *plus grands lacs d'Europe* :

Lac Ladoga (Russie)	18.200 kilomètres carrés.
„ Onega „	un peu moins.
„ Vanern (Suède)	5.650 kilomètres carrés.
„ de Genève (Suisse)	582 „

Au Lac Tanganika. — La faible pente de la Lukuga rend négligeable ses ressources en forces hydrauliques et nous permet d'annuler pratiquement son débit, à la sortie du lac Tanganika, pendant plusieurs mois de l'année. Le débit dans le cours inférieur et moyen de la Lukuga, ancien lit de la Niemba, restera d'ailleurs suffisant pour empêcher l'assèchement du lit de la rivière.

Nous pouvons, dès lors, établir le cube total d'eau qui pourra être restitué au Congo pendant ses périodes d'étiage :

Le bassin hydrographique du Tanganika étant de 203.300 kilomètres carrés, non compris le lac, en comptant sur 9 litres par kilomètre carré et par seconde [17], on trouve pour le cube annuel d'eau entrant dans le lac 57.701 millions de mètres cubes. En admettant une précipitation atmosphérique de 1 mètre, la quantité d'eau de pluie tombée pendant un an, sur le lac, sera de 32.850 millions de mètres cubes. Le total de l'eau reçue sera donc de 90.551 millions de mètres cubes.

Pour avoir la quantité annuelle d'eau qui pourra s'écouler par le barrage-déversoir de la Lukuga, nous avons à tenir compte de l'évaporation [18] qui enlève au lac 44.347 millions de mètres cubes d'eau par an; on arriverait ainsi à pouvoir restituer au fleuve Congo, dans ses moments d'étiage, approximativement *46 milliards 204 millions* de mètres cubes.

Il semble que l'on puisse admettre, d'après la carte pluviométrique chapitre II et d'après les graphiques des niveaux du fleuve à Matadi reproduits ci-après, que les vannes de la digue-barrage devront être complètement fermées pendant les mois de septembre à janvier inclus, complètement ouvertes pendant les mois de février et mars, demi-ouvertes pendant avril et mai, enfin complètement ouvertes pendant juin, juillet et août ; nous avons tenu compte approximativement, du temps mis par l'eau pour descendre du Tanganika jusqu'à Matadi, c'est-à-dire plus de 3.000 kilomètres de distance, soit 1 mois [19]. Les niveaux du fleuve à Matadi indiqués en rouge sur notre carte pluviométrique montrent, du reste, parfaitement ce retard d'un mois environ : le niveau minimum à Matadi a lieu en août, quand les fortes pluies se manifestent déjà depuis juillet dans le Nord de la Colonie ; de même, le maximum de la crue à Matadi a lieu en décembre quand la saison sèche apparaît depuis fin novembre dans les régions du Nord.

En admettant notre hypothèse, on voit que les 46 milliards 204 millions de mètres cubes d'eau qui peuvent être utilement restitués au Congo, le seront dans un espace de 5 mois à pleine ouverture des vannes et de 2 mois à demi-ouverture. Pour calculer le débit par seconde pendant les mois de pleine ouverture des vannes, il suffira de diviser le cube total de 46.204 millions de mètres cubes par le nombre de secondes dans 6 mois ; on arrivera ainsi à un débit de *2.930 mètres cubes par seconde.*

La hauteur de la digue-barrage à construire sur la Lukuga, à sa sortie du lac Tanganika, devra, d'après nos calculs, permettre de relever l'eau du lac de $\frac{46.204}{32.850}$ = *1m35 environ* [20]. Une digue en terre de deux mètres d'élévation et de trois mètres de fondation suffira. Les conditions de la retenue du Tanganika sont, comme on le voit, on ne peut plus favorables [21].

---

(17) Voir chapitre II.

(18) 1 m. 35, d'après Lemaire (voir chapitre II).

(19) Admettons une vitesse moyenne de 4 1/2 km à l'heure aux eaux moyennes, en tenant compte des rapides, on arrive à 1 mois pour la durée du parcours (3300 kilomètres).

(20) Nous avons simplement, comme on le voit, divisé le cube total de la retenue par la superficie du lac ; pour avoir le chiffre exact, il faudrait faire de longs calculs sur des bases plus précises quant à la fermeture et à l'ouverture des vannes du barrage, quant à l'évaporation du lac et aux précipitations atmosphériques.

(21) Voir, note 5), chapitre I, les plus importantes retenues réalisées à ce jour.

NIVEAUX DU FLEUVE CONGO A MATADI ET LEOPOLDVILLE

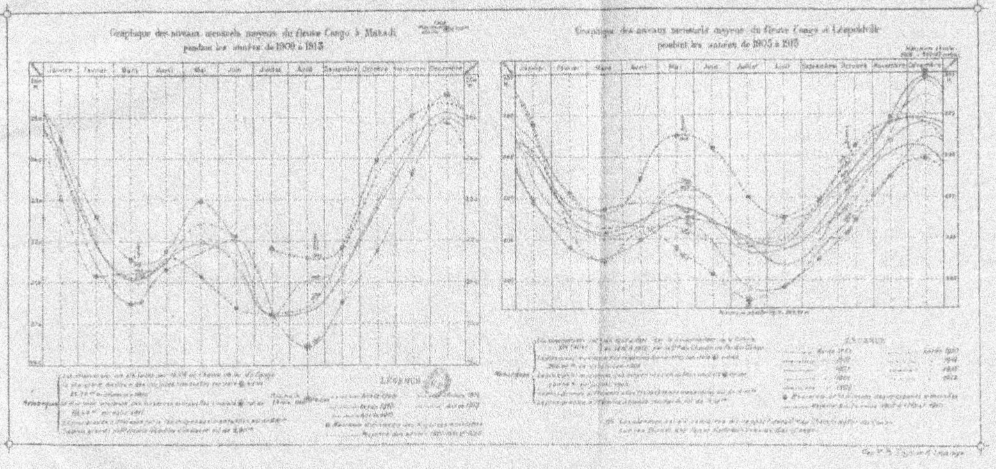

Rives à pic du lac Tanganika

Lac Tanganika.

Anse de Vua.

Baie de M'Pala.

Poste de Bahanda, vue de la redoute.

Le lac à Baira.

Rives accidentées au Nord de M'Toa, au fond le lac Congo et la colline de M'Toa.

LA LUKUGA [LOU-KOUGA] A SA SORTIE DU LAC TANGANIKA

par le Comm[t] Ch. Lemaire

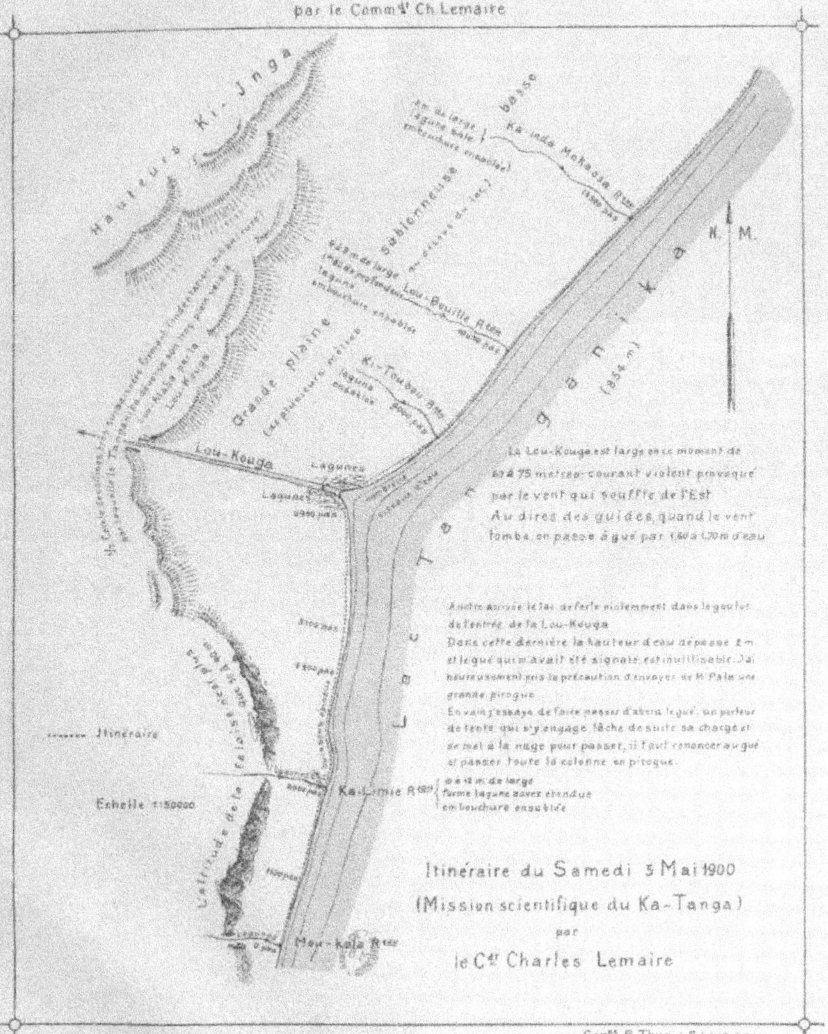

Aspect de la Lukuga

Vallée de la Lukuga
près du village de Mulimimeru, km. 106. Rochers à pic à la rive droite.

La Lukuga à sa sortie du lac Tanganika (vue des collines de la rive Nord)

La Lukuga, à sa sortie du lac Tanganika (vue dirigée vers l'aval).

L'installation d'une digue-barrage au confluent de la Lukuga, relevant l'eau du lac Tanganika d'environ 1m35, ne présentera, pensons-nous, aucune difficulté.

La carte de la Lukuga à sa sortie du lac Tanganika, d'après le commandant Lemaire, et les deux photographies que nous publions page précédente, nous renseignent parfaitement au sujet des conditions topographiques. Il est probable qu'en s'éloignant légèrement du lac, on n'aura plus pour la digue-barrage qu'une longueur maximum de un ou deux kilomètres. C'est un point à examiner sur place.

Les sondages de M. Xhignesse nous assurent, d'autre part, quant aux fondations, que nous rencontrerons partout la roche à trois mètres environ sous le sable de surface.

On peut, enfin, avoir tous ses apaisements quant à la surélévation du niveau du lac, les rives étant à pic sur tout leur pourtour. Les dires de tous les voyageurs sont concordants à ce sujet et montrent le lac Tanganika comme un véritable fossé (*graben* en allemand) à parois raides. (Voir les quelques photographies que nous publions à la page précédente).

Au Lac Moero. — La retenue à créer dans le lac Moero doit permettre de régulariser complètement le régime de la rivière Luvua-Luapula, c'est-à-dire de lui donner un débit constant, sensiblement égal à la moyenne arithmétique des différents débits de l'année.

Pour les calculs approximatifs que nous poursuivons actuellement, nous avons admis que l'évaporation sur les lacs Moero, Bangwelo, etc., évidemment moindre qu'au lac Tanganika [18], atteint cependant un mètre de hauteur par an, soit exactement la hauteur de la précipitation atmosphérique moyenne annuelle. Nous pouvons, dès lors, négliger les superficies des lacs et ne plus compter que sur 217.500 kilomètres carrés pour la superficie *utile* du bassin hydrographique du Moero; à raison de 9 litres par seconde et par kilomètre carré, on arrive à un débit moyen de 1.958 mètres cubes par seconde.

Quelle devra être, pour obtenir ce débit moyen de 1.958 mètres cubes environ, l'importance de la retenue d'eau à créer dans le lac Moero?

Si, par des observations préalables, nous connaissions exactement les débits de la rivière à sa sortie du lac, chaque jour de l'année, il nous suffirait de faire la somme des quantités d'eaux à restituer tous les jours où le débit de la rivière descend en-dessous de 1.958 mètres cubes (débit moyen); cette somme égalerait approximativement le cube de la retenue à créer.

En l'absence de toute observation, nous avons dû rechercher le cube de la retenue en procédant par voie de calculs et en admettant, par hypothèse, que la Luvua-Luapala a la même courbe de fréquence que l'Inkisi. Nous avons ainsi trouvé que le cube total de la retenue serait d'environ *13 milliards 884 millions* ([19] et [20]).

---

[18] On a vu, au chapitre II, que le lac Tanganika subissait l'influence d'un alizé local.

[19] Pour la définition de la courbe de fréquence et pour le calcul du cube de la retenue, nous nous reportons à nos précédentes études des Forces Hydrauliques du Bas-Congo 1910-1911.

Pendant 1 jour, la retenue devrait pouvoir rendre à la *rivière*	1176	m³ par seconde, soit	101.606.400	m³
» 9 » » » »	1164	» »	905.126.400	»
» 9 » » » »	1146	» »	891.129.600	»
» 45 » » » »	1068	» »	4.152.384.000	»
» 45 » » » »	876	» »	3.405.888.000	»
» 58 » » » »	636	» »	3.187.123.200	»
» 13 » » » »	468	» »	525.657.600	»
» 16 » » » »	348	» »	481.075.200	»
» 17 » » » »	156	» »	229.132.800	»
» 3 » » » »	18,90	» »	4.898.880	»
			13.884.022.000	m³

La retenue devrait, au total, pouvoir rendre *13 milliards 884 millions* de mètres cubes d'eau à la rivière.

[20] Nous avons déjà tenu compte de l'évaporation pour la nappe d'eau *actuelle* du lac Moero (4.920 km²). Nous devrions également tenir compte de l'évaporation qui surviendra sur l'inondation proprement dite : Cette inondation

La hauteur de la retenue d'eau, en comptant sur une superficie de 5.500 kilomètres carrés pour le lac Moero, y compris la partie inondée, serait de *2m,50 environ*.

L'installation d'une digue-barrage, relevant l'eau du lac Moero de 2 m. 50 environ, sera on ne peut plus facile à réaliser. La Luvua-Luapula, à sa sortie du lac, coule dans un véritable couloir orienté sensiblement Est-Ouest. La possibilité d'un barrage est certaine; on verra sur la photographie ci-dessous, les têtes de roches qui apparaissent aux basses eaux et témoignent de l'existence d'un ancien barrage naturel.

LAC MOERO. — Le goulet de sortie de la Luvua-Luapula
Remarquer les têtes de roches au milieu du fleuve, vestiges d'un ancien barrage.

Nous nous reportons, pour établir les dimensions approximatives de la digue-barrage, à la carte du commandant Lemaire publiée à la page suivante; la largeur d'eau mesurée n'était que de 215 mètres à l'entrée du goulet de sortie.

Les renseignements géologiques, au point de vue de l'assise et des fondations du barrage, fournis par M. Mathieu, géologue à la Société de Recherches Minières du Bas-Katanga, nous permettent d'avoir toute tranquillité au sujet de la stabilité de la digue et nous montrent que le bon terrain de fondation se trouvera à très faible profondeur [2].

---

sera très faible et n'existera qu'au sud du lac, sur un espace, actuellement marécageux, de peut-être 1.000 kilomètres carrés; on perdra, par ce fait, 1.000 millions de mètres cubes d'eau par an, correspondant à un débit de 31 mètres cubes par seconde. Le débit moyen pour la Luvua-Luapula serait ainsi ramené approximativement à *1.927 mètres cubes par seconde*. D'où de nouveaux calculs seraient nécessaires pour établir le cube de la retenue. Dans cette étude, qui ne constitue qu'un avant-projet, nous n'avons pas cru devoir pousser aussi loin l'examen des détails et nous avons adopté le chiffre approximatif de 1 925 mètres cubes.

[2] M. Mathieu s'exprime comme suit : « A sa sortie du Moero, le Luapula-Luvua, large de 250 mètres environ, » coule entre le promontoire de Kasengueneka qui s'avance vers le lac et les collines Kampingi à l'Est ; le cours » de cette importante rivière est assez violent et *encombré de rapides formés par les grès durs*. » « Le promon- » toire et les collines Kampingi sont entièrement formés par les couches horizontales de *grès rouge* parfois psammi- » tique et micacé. Les ripples-marks sont fréquents dans les psammites, les cristaux de quartz sont parfois bien » délimités; les feuillets montrent souvent de belles imprégnations dendritiques d'oxyde noir de manganèse imitant » à s'y méprendre des fougères finement découpées ».

LAC MOÈRO

(Limite d'inondation provoquée par un barrage à Mt Pweto.)

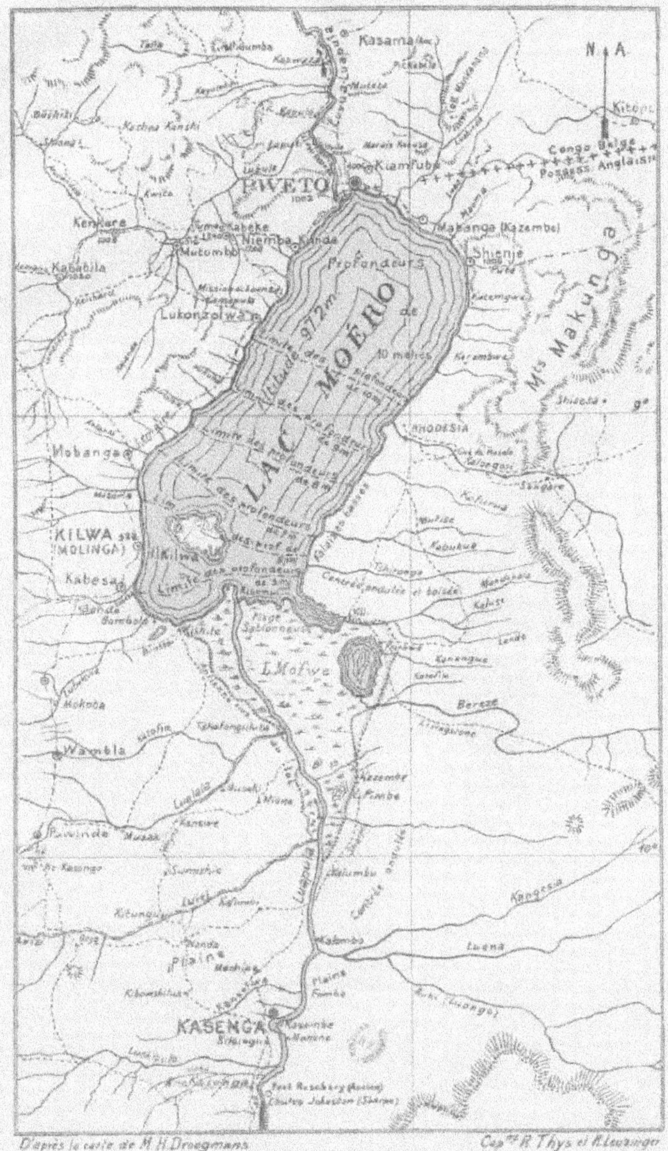

D'après la carte de M. H. Droogmans

Cap[ne] R. Thys et R. Leuzinger

LÉGENDE

- Points déterminés astronomiquement
- Villages
- 1002 Altitudes en mètres
- Itinéraires Lemaire
- Autres itinéraires
- Ancienne rive du lac

Echelle : 1 cm = 10 km

LA LUVUA-LUAPULA
A SA SORTIE DU LAC MOERO
(Jtinéraires de la Mission scientifique du Ka-Tanga)
par le Commdt. Charles Lemaire

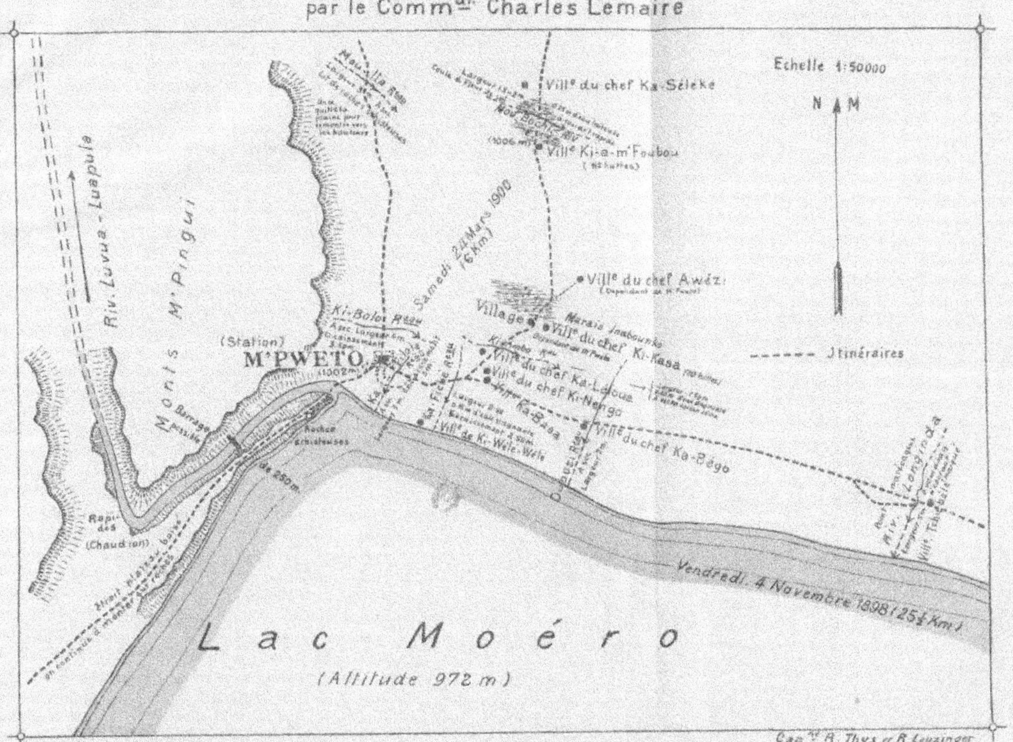

Les rives du lac Moero

Au Nord : A M'Pweto.

A l'Ouest : Chute de la Bukonzolwe dans le lac.

Le niveau du lac Moero peut enfin être relevé de plusieurs mètres, sans aucun inconvénient. Dans les parties nord, est et ouest, les rives restent partout à plusieurs mètres au-dessus des basses-eaux [58]; dans la partie sud, l'ancienne berge du lac, avant l'abaissement de son niveau, marque parfaitement la limite d'inondation (voir notre carte du lac Moero). Les terrains compris dans la limite d'inondation au sud du lac sont actuellement marécageux, n'ont aucune valeur et ne sont, paraît-il, occupés par aucun village; leur inondation ne provoquera, pratiquement, aucun préjudice sérieux.

A l'emplacement de la chute Kiubo-Djuo. — Superficie du bassin de la Lufira, en amont des chutes Kiubo-Djuo : 47.820 kilomètres carrés.

Débit moyen de la Lufira à raison de 9 litres par kilomètre carré et par seconde : *430 mètres cubes.*

La retenue à créer en amont des chutes, pour obtenir un débit moyen d'environ 430 mètres cubes par seconde, peut se calculer de la même façon que pour le lac Moero. En supposant la même courbe de fréquence pour la Lufira que pour l'Inkisi [59], nous avons trouvé que le cube de la retenue serait de *3 milliards 49 millions de mètres cubes* environ.

Nous pouvons admettre, d'après les altitudes et les renseignements fournis par les différents voyageurs, qu'en relevant le niveau de l'eau d'une trentaine de mètres on inonderait la plaine marécageuse sur une étendue de 4,000 kilomètres carrés [60].

Nous pensons qu'une digue-barrage, à l'emplacement des chutes Kiubo, relevant l'eau de *6 à 7 mètres* environ suffirait, grâce au léger relèvement du terrain reconnu par Lemaire, pour créer la retenue de 3 milliards 49 millions de mètres cubes d'eau nécessaire. Mais l'évaporation, agissant sur l'inondation de 600 kilomètres carrés peut-être de superficie, enlèverait, à raison d'un mètre par an, 600 millions de mètres cubes d'eau et diminuerait d'autant le débit moyen de la Lufira en aval de la retenue.

Pour éviter presque complètement cette perte par évaporation, il suffira, croyons-nous,

---

(58) Voir nos photographies et la carte du commandant Lemaire, page précédente. Les ruisseaux affluents du lac sont partout encaissés de plusieurs mètres.

(59) Voir nos Etudes des Forces Hydrauliques du Bas-Congo 1910-1911 — Courbes de fréquences — planche 63.

(60) Voir le *Mouvement Géographique* du 13 mai 1894 et la grande carte de l'Etat Indépendant du Congo 1907.

Les études de M. A. J. Wauters sur « Le Relief du Bassin du Congo et la Genèse du Fleuve », ont montré l'existence d'un ancien *lac-étang*, à l'emplacement de la plaine marécageuse de la Lufira, en amont des chutes Kiubo-Djuo.

M. Alexandre Delcommune, qui a parcouru l'un des premiers ces régions, en 1892, estime, à ce sujet, que « la large envergure de la vallée de la Lufira, depuis les mines de sel de Moshia jusqu'à la chute de Djuo, n'a formé, dans les temps reculés, qu'un *vaste lac*, qu'entouraient, au levant, la haute chaîne des monts Kundelungu, au couchant, celle des monts Muitas (Mitumba) ».

Le docteur Briart affirme, d'autre part, que « dès les débuts de la saison des pluies, ces savanes se couvrent d'eau stagnante, formant à perte de vue des marécages d'où émergent les fourmilières, nombreuses dans le pays, et les villages construits sur les élévations du sol. L'inondation du pays est parfois si sérieuse que le poste de Lofoi a failli à un moment être submergé par les eaux qui l'environnaient de toutes parts ».

Le commandant Lemaire qui a suivi la Lufira sur près de 18 kilomètres en aval de la chute de Kiubo-Djuo, écrit, toutefois, dans son journal de route (pages 279 à 286) que « les chutes Ki-Oubo forment, dans la *plaine plate*, que nous avons suivie depuis Lofoi, l'amorce d'une dépression, ou mieux, d'une sorte d'effondrement, dans lequel se précipite la Lou-Fira ». Nous lisons également au mercredi 17 mai 1899 : « Nous approchons des « Ki-Oubo »..... nous n'avons pas de ligne de hauteurs, même faible, devant nous, *tout au plus un léger relèvement de terrain*, ce qui confirme l'impression que nous avons eue ce matin en quittant Ka-Langa, à savoir que les chutes Ki-Oubo étaient en plaine, alors que les cartes et les renseignements de mes prédécesseurs en font une percée dans une ligne de hauteurs. »

Le commandant Lemaire a constaté, comme nous le voyons, à la place de la *gorge de Djuo*, renseignée par certains de ses prédécesseurs, un simple *relèvement du terrain*. Ce relèvement doit, pensons-nous, expliquer la présence du lac-étang signalé par A. J. Wauters; il permettrait, par une digue-barrage, d'inonder à nouveau la plaine de la Lufira.

de créer la retenue de 3 milliards 49 millions de mètres cubes plus en aval, aux environs du village de Ki-Boué, dans l'effondrement même signalé par Lemaire. (Voir la reproduction, page précédente, de l'itinéraire du commandant Lemaire.) La hauteur du barrage sera évidemment notablement augmentée, mais, par contre, la superficie plus réduite de l'inondation permettra de compter sur une perte moindre par évaporation. Ce barrage dans l'effondrement évitera également de noyer la plaine marécageuse et fertile en amont de la chute de Kiubo et les villages indigènes qui l'occupent.

L'endroit exact du barrage et le niveau maximum de l'inondation devront faire l'objet d'une étude minutieuse sur le terrain.

A l'emplacement de la gorge de N'Zilo. — La superficie du bassin du Lualaba, en amont des chutes de N'Zilo, étant de 17.580 kilomètres carrés, on peut compter sur un débit moyen d'environ *158 mètres cubes par seconde.*

En admettant la même courbe de fréquence qu'à l'Inkisi, on arriverait, par des calculs analogues à ceux faits pour la retenue du Moero, à devoir créer une retenue de *1 milliard 120 millions de mètres cubes* environ.

Un barrage d'une *quinzaine de mètres*, pensons-nous, immédiatement en amont de la gorge de N'Zilo, suffirait pour créer la retenue de plus d'*un milliard de mètres cubes d'eau*, dans la plaine marécageuse de l'ancien lac Kiniatta. L'existence de cet ancien lac Kiniatta a été parfaitement démontrée par M. A. J. Wauters, dans ses importants travaux sur « Le Relief du Bassin du Congo et la Genèse du Fleuve » ([illegible]).

Malheureusement l'évaporation, s'exerçant sur une trop grande surface, diminuerait notablement le débit moyen assuré pour le Lualaba en aval de N'Zilo.

Nous pensons que, vu l'étroitesse de la gorge de N'Zilo, un barrage plus en aval, mais de plus grande hauteur, serait suffisamment économique pour créer la retenue de 1 milliard 120 millions de mètres cubes d'eau dans la gorge même. L'évaporation serait ainsi réduite au minimum et l'inondation ne s'étendrait pas sur la plaine fertile en amont de N'Zilo.

([illegible]) Les chutes de N'Zilo et les terrains occupés par l'ancien lac Kiniatta ont été découverts par Alexandre Delcommune, en avril 1892. Nous extrayons du *Mouvement Géographique* du 14 décembre 1892, la phrase suivante du rapport de Delcommune : « Le 11 avril 1892, nous naviguions pour la première fois en eau calme, *traversant un* » *ancien lac de plus d'un demi degré de longueur*, lorsque nous fûmes tout à coup arrêtés par des rapides... Le 11 donc, » après avoir dépassé le village de Kazembe, nous nous butions aux rapides de N'Zilo. Que l'on se figure *une chaîne* » *de montagnes de 500 mètres d'altitude s'élevant d'un seul jet de la plaine et courant perpendiculairement au fleuve.* » Delcommune ajoute qu'en cet endroit, près du village de Manvue, la rivière forme encore un pool et que les indigènes appellent « Kiniatta » toute cette ancienne région lacustre.

De son côté, le docteur Briart confirme, dans son journal de route, cette opinion que « la plaine, restée marécageuse, semble être le *fond d'un ancien lac* ».

Le commandant Lemaire écrit dans son journal de route : « Visite à l'entrée de la gorge de N'Zilo ; ..... *par cette fente, le lac de jadis* a trouvé un écoulement et le Lou-Alaba actuel s'est formé. La rivière ou, si l'on veut, le fleuve arrive en méandres marqués à travers une *plaine marécageuse* en ce moment de l'année ; .... par place la largeur du goulot se rétrécit jusqu'à n'avoir plus qu'une quinzaine de mètres..... ». Puis, du haut de la montagne, le commandant écrit : « On voit luire, par places, au soleil, les flaques d'eau, disant que toute cette plaine n'est qu'*un vaste marais, résidu d'un ancien lac* ..... ». (Voir le croquis, reproduit ci-après, du Lou-Alaba à son entrée dans la gorge de N'Zilo, par le commandant Lemaire.)

La superficie de cette plaine marécageuse de Kazembe et de Manvue, fond de l'ancien lac de Kiniatta, peut être évaluée à plus de 300 kilomètres carrés, c'est-à-dire environ deux fois la superficie du Stanley-Pool.

DEPRESSION LE LONG DE LA LOU-FIRA
EN AVAL DES CHUTES DE KI-OUBO – DJOUO

d'après le Comm^t Ch. Lemaire

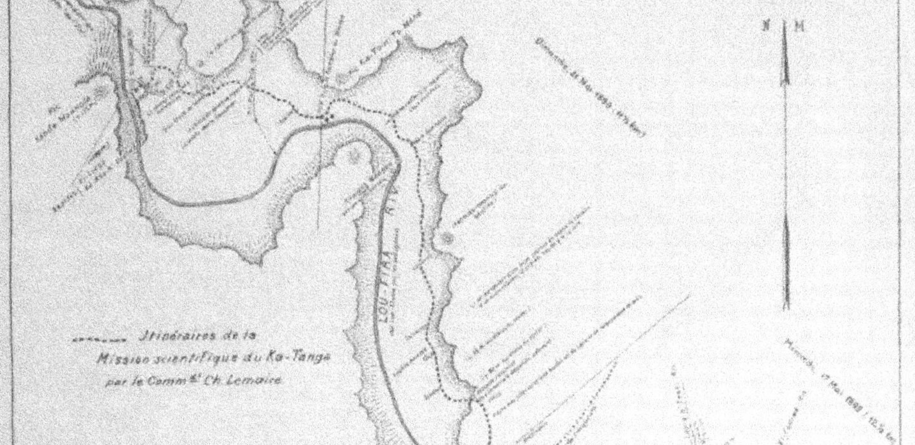

Lundi 28 Mai 1899

Dimanche 28 Mai 1899

N M

LOU-FIRA

Itinéraires de la
Mission scientifique du Ka-Tanga
par le Comm^t Ch. Lemaire

Mercredi 17 Mai 1899

Echelle 1:100.000

Le Lualaba, à son entrée dans la gorge de N'Zilo.

La plaine du Lualaba, à son entrée dans la gorge de N'Zilo (ancien lac Kiniatta).

Photographie prise du point A, croquis ci-joint, vers [illegible]

Le goulet du Lualaba à l'entrée dans la gorge de N'Zilo.

Cliché de l'ouvrage « Le Congo Belge » par [illegible], Bruxelles.

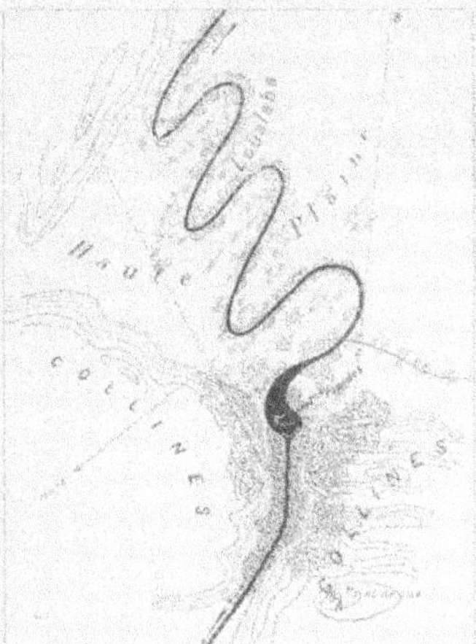

Croquis du Lualaba, à l'entrée de la gorge de N'Zilo.
(Échelle du 1/100 000. Mission Scientifique du Katanga.
Commandant Ch. Lemaire).

Cliché de l'ouvrage « Le Congo Belge » par [illegible], Bruxelles.

EXTRAIT DU MOUVT GÉOGR.
1 Octobre 1893

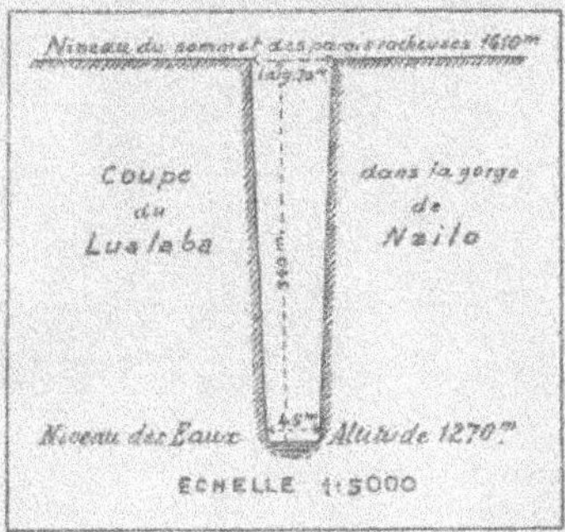

EXTRAIT DU MOUVEMENT GÉOGRAPHIQUE
1 Octobre 1893

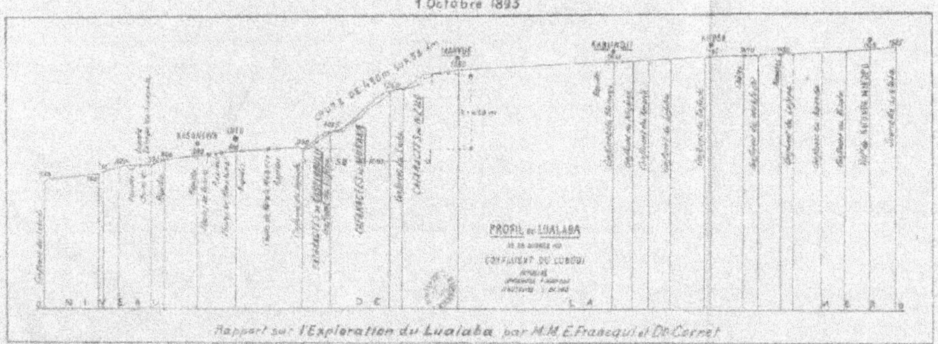

Des renseignements très complets au sujet des facilités d'installation d'un barrage dans les gorges de N'Zilo ont été heureusement recueillis par le lieutenant Francqui et le géologue Cornet, au cours de leur voyage d'octobre 1892.

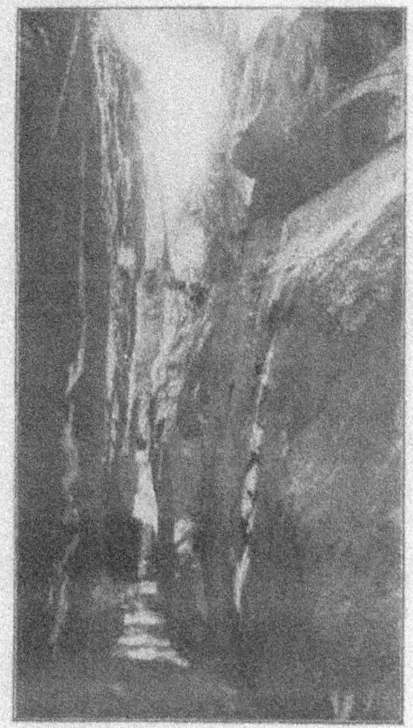

Aspect que doit présenter la gorge de N'Zilo en certain endroit.
(Cette photographie a été prise au confluent de la Lunzadi et du fleuve par M. Delporte, pour le service d'études des Forces Hydrauliques du Bas-Congo).

La coupe dans la gorge de N'Zilo et le profil du Lualaba, de sa source au confluent du Lubudi, extraits du rapport de MM. Francqui et Cornet (page précédente), montrent que la hauteur du barrage ne sera limitée que par le cube d'eau à retenir; la gorge de N'Zilo se présente, en effet, comme une véritable crevasse de 40 à 70 mètres de largeur seulement et de plus de 400 mètres de profondeur.

L'emplacement du barrage est, comme on le voit, exceptionnellement favorable.

Au Lac Léopold II. — Nous continuerons à supposer que l'évaporation enlèvera 1 mètre d'eau par an et que la précipitation atmosphérique sur le lac est de 1 mètre également.

Dans ces conditions, en comptant sur 9 litres par kilomètre carré et par seconde pour les 42.765 kilomètres carrés restant pour le bassin en dehors du lac, on arrive à un débit moyen de *385 mètres cubes.*

En conservant toujours la même courbe de fréquence qu'à l'Inkisi, on arriverait à une retenue de *2 milliards 730 millions* de mètres cubes, correspondant approximativement à une surélévation des eaux du lac *d'un peu plus de 1 mètre 17.*

Une digue-barrage, avec écluse relevant l'eau du lac de 1 m. 17, semble pouvoir être installée à la sortie du lac Léopold II.

Nous lisons, à ce sujet, dans le *Mouvement Géographique* du 15 octobre 1893 que d'après De Meuse, le lac déverse le trop plein de ses eaux dans la Lukenye-Mfini par un *étroit chenal.* M. Léon Thiéry, questionné sur ce point, a pu nous confirmer l'existence de ce chenal et la possibilité d'une digue avec écluse.

Au Lac Tumba. — La superficie utile du bassin au point de vue du débit, c'est-à-dire non compris le lac, n'est que de 6.645 kilomètres carrés. Le débit moyen sur lequel on pourrait compter serait de *60 mètres cubes par seconde* seulement. La retenue à créer serait *de 425 millions de mètres cubes,* correspondant à une surélévation approximative du niveau du lac de *35 centimètres tout au plus.*

Le lac Tumba présenterait également, aux dires de M. Léon Thiéry, un *déversoir sous forme de chenal,* cette fois dirigé vers le Congo. Une digue avec écluse dans ce chenal serait, pensons-nous, facilement aménagée.

En temps de crue et à certaines époques de l'année, les eaux du fleuve Congo remontant jusque dans le lac Tumba, il y aurait ici un phénomène spécial dont il faudra tenir compte lors des études (*). Ce phénomène pourrait éventuellement permettre de créer, dans le lac Tumba, une retenue bien plus importante que celle calculée par nous ; nous n'avons, en effet, tenu compte que de la superficie du bassin de réception, alors qu'en réalité, le point intéressant ici serait provoqué par le débit amené dans le lac par les crues du fleuve. Ce point est à examiner sur place.

Le chenal d'Irebu, vers le lac Tumba.

Aux dires du commandant Dubreucq, ancien commissaire de district de l'Equateur et de M. Léon Thiery, des canaux pourraient éventuellement être creusés entre les deux lacs Tumba et Léopold II, mettant ces lacs en communication au moment des hautes eaux. Les deux digues-barrages, à la sortie de ces deux lacs, relevant de plus d'un mètre leurs niveaux, pourraient peut être rendre ces communications par voie d'eau permanentes et utilisables toute l'année pour des petites embarcations.

M. De Meuse écrit, à ce sujet, dans le *Mouvement Géographique* du 15 octobre 1893 :

« Toute la région environnante, au Nord-Ouest comme au Nord-Est du lac Léopold II, est inondée, aux hautes eaux, sur des étendues considérables. La différence de niveau entre les deux saisons étant de 1 m. 50 et la pente du terrain situé au Nord-Ouest du lac étant insensible, on voit le Kelenge, à l'époque des crues, remonter vers sa source et inonder toute la région au milieu de laquelle est construit le village de Bosango ».

La communication par voie d'eau entre les lacs Tumba et Léopold II pourrait avoir un intérêt local considérable. C'est, en tout cas, un nouveau point à examiner sur place.

En conclusion, les barrages du Tanganika, du Moero, de la chute de Kiubo-Djuo, de la gorge de N'Zilo, du lac Léopold II et du lac Tumba, permettraient, en saison des pluies, de retenir *le cube total fantastique de 67 milliards 412 millions de mètres cubes d'eau.*

(*) Le commandant Dubreucq nous confirme ce changement de courant dans le chenal du lac Tumba, comme un phénomène annuel régulier.

QUATRIÈME CHAPITRE

Résultats obtenus

Les résultats qui seront obtenus grâce à l'amélioration du régime du fleuve, par la régularisation du débit des lacs et anciens lacs congolais, sont considérables et multiples.

On donnera, en fait, au fleuve un débit plus ou moins constant suivant les différents points de son parcours; la constance du débit et du niveau amènera une suite d'avantages nombreux qui peuvent se résumer comme suit : 1) nouvelles réserves en forces hydrauliques, le débit d'étiage étant primitivement seul utilisable; 2) aménagement plus facile des usines hydroélectriques, quelle que soit leur puissance; 3) suppression des crues et des inondations des rives, rendant des milliers d'hectares au patrimoine de la Colonie; 4) plus grand tirant d'eau pour la navigation, tirant d'eau constant et égal à la moyenne des tirants d'eau de l'année avant la régularisation; 5) affouillement et dépôt régulier de la rivière fixant définitivement le thalweg; 6) courant constant pour la navigation, etc., etc.

Ces différents avantages seront obtenus, au Congo, dans des proportions plus ou moins grandes, proportions que seules des études exactes pourront fixer.

Nous pourrons toutefois, grâce aux quelques chiffres que nous possédons, montrer au lecteur l'importance qu'auront probablement les résultats. Pour l'examen de ceux-ci, nous partirons des emplacements des barrages à créer pour descendre le fleuve jusqu'à l'Océan :

En aval des Barrages. Richesses nouvelles en forces hydrauliques pour certaines régions minières de la Colonie. — Immédiatement en aval des retenues, les débits *constants* du lac Moëro, de la Lufira, du Lualaba et du lac Kivu donneront des réserves nouvelles en forces hydrauliques considérables. Nous avons pu, par des calculs rapides, reproduits en note au bas de la page, montrer que ces nouvelles richesses en forces hydrauliques représenteraient environ *4.700.000 HP* (²).

(²) **Retenue du lac Moero.** — La forte pente de la rivière, entre M'Pweto et Kiambi, ne devient vraiment intéressante qu'entre le Pic Kiwele et M'Pweto, où elle atteint une moyenne de plus de 1m90 par kilomètre sur un parcours de 105 kilomètres. La dénivellation sur ce parcours atteint 202 mètres.

Avec le débit minimum d'étiage, de 675 à 775 mètres cubes, sur lequel on devrait compter sans la retenue, la rivière développe près de 2.000.000 HP. Grâce au débit constant de 1.938 mètres cubes environ, la rivière effectuera un travail continu de plus de 5.031.000 HP ; le choix de la force hydraulique facilement aménageable portera, dès lors, sur cinq millions de chevaux au lieu de deux.

La Colonie trouve, en fait, une nouvelle réserve de *3.000.000 HP hydrauliques.*

Retenue de la chute de Kiubo-Djuo. — La hauteur totale de la forte pente de la Lufira, en aval des chutes de Djuo, est de 227 mètres entre Djuo, à la cote 917 et Kayumba, à la cote 690; le parcours de la rivière est au maximum de 140 kilomètres.

La force hydraulique, développée par la rivière, pour un débit d'étiage de 146 mètres cubes, est de

Ces réserves ne constitueront évidemment un bénéfice pour la Colonie que pour autant que la puissance des futures usines hydroélectriques nécessitera, *en certains endroits,* l'utilisation complète du débit d'étiage des rivières. Il est cependant à remarquer que l'installation des futures usines hydroélectriques, *quelle que soit leur puissance*, sera considérablement facilitée par la constance du débit et des niveaux du cours d'eau aménagé.

Cet avantage *immédiat* ressort comme étant de la plus haute importance pour certaines régions minières, telle que la région de Kiambi, et pour certaines chutes du fleuve, telles celles de Stanleyville et de Léopoldville, spécialement bien situées.

Entre Ankoro-Kiambi. — Le régime de la Luvua-Luapula sera complètement régularisé et le débit sera rendu constant aux environs de 1.925 mètres cubes à la seconde.

Ce débit constant de 1.925 mètres cubes assurera, pensons-nous, un tirant d'eau de plus de 1 m. 50 et permettra *la navigation à vapeur pendant toute l'année pour des steamers de 200 à 300 tonnes.*

M. Auguste Crosset, ingénieur à la Société de Recherches Minières du Bas-Katanga, termine son rapport de février 1914 en disant : " D'Ankoro à Kiambi le fleuve est navigable " certainement six à huit mois et il me semble que si le cours de la rivière était connu, on " pourrait l'utiliser toute l'année pour un remorqueur d'un tirant d'eau de 0 m. 80 [6] ".

La Luvua-Luapula devenant, par le fait de son débit constant, une voie de communication convenable mettant Kiambi en relation directe avec le bief Kindu-Bukama et le chemin de

$\frac{146.000 \times 227}{75} = 440.000$ HP. La force hydraulique qui sera développée toute l'année, grâce à la retenue de la chute de Kiubo-Djuo, sera approximativement de $\frac{430.000 \times 227}{75} = 1.300.000$ HP.

La Colonie trouve donc une nouvelle richesse en force hydraulique de *860.000 HP environ.*

Retenue de la gorge de N'Zilo. — La chute totale du Lualaba, depuis son entrée dans la gorge de N'Zilo, altitude 1.330 mètres, jusqu'à son confluent avec le Lubudi, 725 mètres d'altitude, est de 605 mètres sur un parcours de 190 kilomètres seulement. Les 58 premiers kilomètres, qui comprennent les chutes de N'Zilo, de Mukaka et de Kabalababa ou de Delcommune, donnent l'énorme dénivellation de 430 mètres environ.

La force hydraulique développée sur ces 58 kilomètres à l'étiage est de $\frac{54.000 \times 430}{75} = 310.000$ HP.

La force hydraulique développée, grâce à la retenue de la gorge de N'Zilo, sera de $\frac{158.000 \times 430}{75} = 905.000$ HP.

La Colonie trouve une nouvelle richesse de *595.000 HP hydrauliques environ.*

Retenue du lac Kivu. — La chute totale entre le lac Kivu (1.460 mètres d'altitude) et le lac Tanganika (854 mètres d'altitude) est de 605 mètres pour un parcours d'à peine 145 kilomètres. La basse Ruzizi, du lac Tanganika au village de Lukungi (altitude 900 mètres), a, comparativement à la haute Ruzizi, de Lukungi au lac Kivu, une pente négligeable : 46 mètres sur un parcours de 80 kilomètres. La haute Ruzizi présente, au contraire, une pente extraordinairement raide, puisque la dénivellation atteint 560 mètres sur un parcours de moins de 65 kilomètres.

La force hydraulique au débit d'étiage de 17.4 mètres cubes est de $\frac{17.400 \times 560}{75} = 130.000$ HP. La force hydraulique au débit moyen, grâce à la retenue du lac Kivu, sera de $\frac{50.000 \times 560}{75} = 370.000$ HP.

La Colonie réalisera donc un bénéfice de *240.000 HP hydrauliques*, avec un barrage relevant l'eau du lac Kivu de 15 centimètres à peine.

En conclusion : Les nouvelles richesses en forces hydrauliques trouvées par la Colonie, grâce aux retenues du lac Moero, de la chute de Kiubo-Djuo, de la gorge de N'Zilo et du lac Kivu s'élèvent au chiffre respectable de *4.700.000 HP environ.*

[6] A titre de renseignement, nous donnons ci-dessous les débits moyens de quelques fleuves navigables d'Europe :

Le Rhône à son embouchure	1.700	mètres cubes par seconde
Le Rhône à sa sortie du lac de Genève	300	» »
La Vistule à son embouchure.	1.000	» »
Le Rhin à Coblentz.	900	» »
Le Mein	370	» »
L'Elbe à Lauenburg, un peu avant son embouchure. . .	247	» »

Nouvelles réserves en forces hydrauliques

Chute de la Lofira à Djuo-Kiubo.

Chute de la Haute-Ruzizi.

Chute [illegible]-Kivu.

PANORAMA DES RAPIDES DE LÉOPOLDVILLE

fer des Grands Lacs, il semble que la partie du chemin de fer de l'Urua, entre le Lualaba et Kiambi, devient inutile. La dépense évitée, de *10 à 15 millions*, permettra de mettre plus rapidement à exécution le projet de chemin de fer indispensable entre Kiambi et M'Pweto.

La régularisation complète du régime de la Luvua-Luapula donnera encore l'énorme avantage de supprimer radicalement les crues de la rivière et, par conséquent, d'*éviter complètement les inondations dans la partie Kiambi-Ankoro.*

Entre Bukama-Ankoro-Kongolo. — Les régularisations complètes des régimes du Lualaba à N'Zilo, de la Lufira à Djuo et de la Luvua-Luapula à M'Pweto, feront sentir heureusement leurs effets combinés dans le bief supérieur du Congo, *les débits d'étiage et les profondeurs minima seront très considérablement augmentés, les inondations des rives seront très fortement réduites et des milliers d'hectares seront rendus à la Colonie.*

Bief intercalaire Kasongo-Kindu. — L'amélioration résultant, pour le régime du fleuve Congo, des retenues du Moero, de Djuo, de N'Zilo, et du lac Tanganika pourrait être importante au point de *rendre le bief intercalaire Kasongo-Kibon.bo-Kindu parfaitement navigable toute l'année.*

Il semble intéressant de rappeler ici qu'on a déjà envisagé la création d'une écluse aux rapides de Sendwe et l'aménagement du bief intercalaire jusqu'à Kasongo. Ces travaux auraient permis de réduire le deuxième tronçon du chemin de fer des Grands Lacs à la courte distance entre Kasongo et Kongolo (une bonne centaine de kilomètres tout au plus à la place des 350 kilomètres actuellement existants entre Kindu-Kongolo). La Compagnie des chemins de fer des Grands Lacs a, du reste, utilisé ce bief intercalaire pour son service de ravitaillement au cours de la construction du tronçon Kindu-Kongolo ([illegible]).

Il se pourrait même que, dans la situation future, il y ait intérêt pour les matières pondéreuses et, par exemple, pour les minerais du Katanga, d'abandonner en partie le deuxième tronçon des Grands-Lacs, pour utiliser le bief intercalaire rendu navigable entre Kasongo et Kindu; ce bief s'ajouterait du reste au bief moyen Kindu-Ponthierville et ne nécessiterait pas de transbordements spéciaux ([illegible]).

Bief moyen Kindu-Ponthierville. — Ce bief, qui ne conserve pas actuellement un tirant d'eau d'un mètre toute l'année, et où la passe de Tubila forme un *seuil rocheux* de moins d'un mètre de profondeur à l'étiage, deviendra, pensons-nous, *parfaitement navigable toute l'année pour des steamers d'un tirant d'eau de 2 mètres environ.* L'utilité de réunir les deux tronçons du chemin de fer des Grands-Lacs, solution préconisée par certaines autorités coloniales, disparaîtrait complètement, et l'on éviterait définitivement une dépense nouvelle de plus de 300 kilomètres de rail entre Kindu-Ponthierville.

Le bief, se présentant comme un chenal entre des berges de 15 à 20 mètres de hauteur, ne devra comporter aucun travail spécial d'aménagement.

([illegible]) Voir *Bulletin de l'Etat Indépendant du Congo* de mai 1908.

([illegible]) La Compagnie du Chemin de fer des Grands-Lacs possède des renseignements intéressants sur ce problème de la navigabilité du bief intercalaire Kasongo-Kibombo-Kindu, de même que sur la navigabilité de la Luvua-Luapula, dont il est question ci-dessus.

Le grand bief Stanleyville-Léopoldville. — Le service hydrographique du grand bief doit posséder, au sujet du régime du fleuve, des renseignements très nombreux et précis. La publication des importants travaux de Messieurs les hydrographes Urbain et Nisot n'a malheureusement pas encore paru. Nous avons pu, toutefois, réunir certains renseignements qui nous permettront d'étudier les résultats à obtenir sur le grand bief Stanleyville-Léopoldville [illegible].

On a vu au chapitre III comment, par des retenues sur le lac Moero, à la chute de Kiubo-Djuo et dans les gorges de N'Zilo, on pouvait maintenir constants les débits de la Luvua-Luapula, de la Lufira et du Lualaba aux environs de 1925, 430 et 158 mètres cubes par seconde. En admettant pour les débits d'étiage de ces rivières de la moitié au tiers de leur débit moyen, on arriverait à restituer en saison sèche un débit résultant de 1.400 mètres cubes environ. Ce débit, ajouté aux 2.930 mètres cubes restitués par la seule retenue du lac Tanganika, constituerait pour le fleuve, au moment des basses eaux, un regain de *4.330 mètres cubes d'eau par seconde*.

Ce surcroît de débit serait, pensons-nous, largement suffisant pour *donner aux passes les plus mauvaises (actuellement 1,90) une profondeur d'eau de 3 mètres environ;* la navigation sur le fleuve deviendrait possible en toute saison pour des steamers tirant 9 à 10 pieds, c'est-à-dire pour des steamers de 2 à 3.000 tonnes. Des steamers de même tonnage pourraient, comme on l'a vu ci-dessus, naviguer toute l'année sur le bief Ponthierville-Kindu et peut-être, par une écluse à Sendwe, remonter le Congo-Lualaba jusqu'à Kasongo.

Pour mieux comprendre la quasi-certitude de ces résultats, il nous suffit de remarquer qu'à Bali, par exemple, la largeur du chenal étant de 2.000 mètres, la vitesse de surface aux eaux moyennes ne dépasse jamais 5 kilomètres à l'heure ou 1 m. 40 à la seconde [illegible]. Le débit de plus de *4.300* mètres cubes restitué aux basses eaux correspondrait, dans ces conditions, à une hauteur d'eau de $\frac{4.300}{1,4 \times 2.000}$ = **1 m. 54** environ et la profondeur de la passe serait augmentée d'autant.

La régularisation du régime du fleuve dans le grand bief aurait encore l'énorme avantage de *réduire considérablement les inondations des rives au moment des crues*. Le niveau des plus hautes eaux serait réduit à peu près de la même quantité dont serait relevé le

---

[illegible] Les passes et sections dangereuses du fleuve, entre Léopoldville et Stanleyville sont au nombre de 8. On trouvera dans le tableau ci-dessous les renseignements que nous avons pu nous procurer quant aux profondeurs minima d'étiage et quant à la crue du fleuve, en ces endroits :

	Profondeur minimum aux basses eaux	Différence entre les basses et les hautes eaux	Nature du fond	Vitesse moyenne du courant en surface
La passe de Calina pointe, dans le Stanley-Pool	—	4 30	rocheux	
La passe de Léfini dans le chenal	—	—	rocheux et sableux	
La passe de Bali » » »	—	4 70	rocheux	aux basses eaux de 2 km 1/2 à 3 km 1/2 à l'heure,
La passe de Tsimmbiri, à l'extrémité nord du chenal	3 mètres	—	—	
Toute la section de Sandy Beach à Bolobo, sur 70 kilomètres	2 m. 10 à 2 m. 30	—	sableux	aux hautes eaux de 4 à 6 km.
La section d'Ukaturaka sur 3 kilomètres environ	—	—	sableux	maximum à Yakusu, section de Romée-Stanley Falls : 6 1/2 km. à l'heure.
La section Umangi-Lisala jusqu'au village de Mongo soit sur 12 à 15 kilomètres environ	2 m. 50 à 2 m. 70	—	rocheux et sableux	
Toute la section de Romée (île Bertha) à Stanley-Falls, sur 50 kilomètres environ.	1 m. 90 à 2 mètres	3 50	rocheux	

niveau des basses eaux; le niveau du fleuve serait ainsi maintenu bien plus constant et *un nombre énorme d'hectares, actuellement inutilisables parce qu'inondés deux fois par an, serait rendu au patrimoine de la Colonie* (7).

Le commandant Lemaire, dans ses intéressantes conférences économiques sur le district de l'Equateur, préconisait déjà, en 1894, des levées de terres insignifiantes sur les rives du fleuve pour soustraire aux inondations les plaines fertiles avoisinantes; la régularisation du régime du fleuve résout la question sans aucune dépense spéciale (8).

Le Congo maritime entre Matadi et Banana. — L'heureuse influence de la régularisation du fleuve se fera sentir, dans des proportions plus ou moins grandes, jusque dans la partie maritime du Congo, entre Matadi et Banana et principalement à la passe de Fetish-Rock.

La passe de Fetish-Rock.

Au débit de 4.330 mètres cubes par seconde résultant des retenues du lac Tanganika, du Moero, de Djuo et de N'Zilo, nous devons ajouter les débits restitués par les lacs Tumba et Léopold II, soit dans la même hypothèse environ 300 mètres cubes par seconde; on arrive ainsi à restituer pour la partie maritime du Congo l'énorme débit de 4 630 mètres cubes par seconde environ, soit un débit presque égal au débit moyen de tous les fleuves de France.

(7) Entre *Isangi* (Lomami) et *Bolobo*, le fleuve, parsemé d'îles nombreuses, s'élargit jusqu'à 12 et 14 kilomètres aux basses eaux; *aux hautes eaux il inonde presque toutes ses îles et déborde sur plusieurs kilomètres*; entre *Lukolela* et *Yumbi* (25 kilomètres au sud de l'Alima, affluent du Congo français), *les inondations atteignent sur chaque rive 8 à 10 kilomètres.*

(8) Ci-dessous un extrait de la conférence du commandant Lemaire (*Bulletin de la Société des Études coloniales, 1894*): « A l'époque des crues, les rivières débordent, couvrant leurs rives parfois à d'énormes distances; c'est ainsi que des plaines herbeuses, admirablement disposées pour l'édification de villages, pour le développement de grandes cultures, etc., restent actuellement sans utilisation. Il n'est pas un Européen qui, parcourant le fleuve et ses affluents à la saison des basses eaux, ne se soit écrié vingt fois: « Mais comment diable! n'y a-t-il pas de village ou de station sur ces plaines verdoyantes, couvrant des milliers d'hectares, parfois sans un accident de terrain et bordées par la lisière des forêts? »

« La raison de l'inoccupation *actuelle* est, nous le répétons, la sujétion bis-annuelle de ces terrains aux crues des rivières, sujétions à laquelle participent d'ailleurs presque toutes les îles qui parsèment le Congo et ses tributaires. Pour soustraire aux inondations ces plaines fertiles, il ne faudra que des levées de terres insignifiantes. »

Une partie de ce débit de 4.630 mètres cubes sera évidemment perdue par évaporation au cours de son trajet d'environ 2.900 kilomètres du confluent de la Lukuga à Fetish-Rock. La quantité perdue par évaporation est moins importante qu'on pourrait le croire, en songeant aux grandes expansions du fleuve entre Isangi et Bolobo (5 et 8). Nous supposerons que l'évaporation se fera à raison de 1,35 m. par an sur toute l'étendue de la nappe d'eau du fleuve, soit sur 8.615 kilomètres carrés (9). Le débit étant restitué pendant 6 mois de l'année environ, la perte totale par évaporation sera approximativement de 5.815 millions de mètres cubes ; la perte de débit correspondante ne sera que de 368 mètres cubes par seconde.

Le débit restitué à Fetish-Rock atteindra encore *4.262 mètres cubes d'eau par seconde environ.*

La restitution de cet énorme débit dans le fleuve provoquera, *à Matadi, une surélévation du niveau minimum des eaux d'environ 2 m. 25* (6).

Si on remarque que la dénivellation moyenne entre les basses eaux et les hautes eaux à Matadi et à Fetish-Rock sont respectivement de 6 m. et de 1 m. 30 (7), on devra admettre qu'à une surélévation du niveau d'étiage de 2 m. 25 à Matadi correspondra une surélévation du niveau d'étiage de 56 c/m. environ à la passe de Fetish-Rock.

Le tirant d'eau, aux basses eaux de *la passe de Fetish-Rock serait augmenté de près de deux pieds* et permettrait le passage de steamers de 23 pieds, soit de *steamers de 10 à 12.000 tonnes* (10).

Il est intéressant de remarquer ici que les 21 pieds actuels de la passe de Fetish-Rock

---

(8) De *Bolobo* à *Sandy Beach* (50 kilomètres au sud de Bolobo), la largeur du fleuve, y compris les îles, atteint encore 8 à 10 kilomètres.

(9) Tableau donnant approximativement la superficie de la nappe d'eau du fleuve entre la Lukuga et Boma

Parcours	Longueur du parcours en kilomètres.	Largeur *d'eau* moyenne en kilomètres.	Superficie *de la nappe d'eau* en kilom. carrés.
de la Lukuga à Kindu	400	0,8	320
de Kindu à Ponthierville	300	1	300
de Ponthierville à Stanleyville	150	0,7	105
de Stanleyville à Isangi	150	1	150
d'Isangi à Lukolela	1000	6	6000
de Lukolela à Sandy Beach	200	4	800
de Sandy Beach à Léopoldville	250	1,8	450
de Léopoldville à Matadi	400	1	400
de Matadi à Boma	60	1,5	90
Longueur totale	2910 kilomètres		Superficie totale : 8615 kilomètres carrés

(6) La largeur du fleuve à Matadi est environ de 1.000 mètres et la vitesse moyenne, aux eaux moyennes, reste inférieure à 7 kilomètres à l'heure, soit 1 m. 90 à la seconde. La hauteur, dont sera relevé le niveau du fleuve, est, dans ces conditions, de $\frac{4262}{1,90 \times 1000} = 2$ m. 25.

(7) Renseignements fournis par M. Nizot, ex-chef du service hydrographique du Bas-Congo.

(10) Dans l'exposé des résultats précédents, nous avons supposé que la retenue du lac Tanganika pourrait ultérieurement restituer au fleuve 2.930 mètres cubes par seconde. Nous sommes arrivés à ce chiffre par le calcul et n'avons pu le contrôler d'aucune façon, les éléments fournis par les voyageurs étant essentiellement contradictoires. On ne sera fixé que quand on aura fait les observations scientifiques que nous réclamons dans la présente publication.

Quoi qu'il en soit, nous avons voulu nous rendre compte des modifications à apporter aux résultats si le débit de la Lukuga était spécialement faible. En ne comptant plus que sur 1.000 mètres cubes par seconde pour le débit restitué, au lieu de 2.390 mètres cubes du calcul chapitre III, on arriverait encore à près d'un pied pour l'augmentation de tirant d'eau à la passe de Fetish-Rock et à 0 m. 85 à la passe de Ball dans le chenal ; les résultats obtenus dans le bief Kindu-Ponthierville de largeur beaucoup moindre que le grand bief, seraient peu modifiés tandis que les résultats obtenus en amont du confluent de la Lukuga et du fleuve ne seraient aucunement altérés.

limitent à 7.200 tonnes la capacité des steamers du Congo et limitent, par ce fait, le confort et l'économie des transports maritimes.

Bruxelles, septembre 1913.

ANNEXE I

Devis très approximatif

En l'absence de tous renseignements précis, il nous est évidemment impossible de fixer les dépenses à prévoir pour l'étude et pour l'exécution du problème de l'amélioration du Régime du fleuve Congo par la régularisation du débit des lacs et anciens lacs congolais.

Il nous a semblé, cependant, qu'en nous basant sur les dépenses de notre service d'études des Forces Hydrauliques du Bas-Congo, nous pourrions *fixer tout au moins l'ordre de grandeur des dépenses à prévoir.*

Le devis très approximatif et très général que nous soumettons dans cette annexe conclut à une dépense totale de huit millions, barrages du Tanganika et du Moero compris.

Les résultats à obtenir sont, comme nous l'avons vu au précédent chapitre, tellement considérables et tellement intéressants qu'une dépense, même plus importante, se justifierait amplement.

Dépenses d'Études

PREMIÈRE ANNÉE

PROGRAMME :

I. *Reconnaissance générale.* — Une reconnaissance générale est préalablement nécessaire pour décider s'il est utile, ou non, de poursuivre plus avant les études et pour fixer les conditions éventuelles d'installation des différents services; pour fixer, entre autres, les emplacements exacts des barrages et rechercher d'autres barrages possibles.

II. *Premières études hydrauliques à la sortie du lac Tanganika et du Moero.* — L'importance de ces deux retenues justifie l'installation immédiate d'une section de jaugeage à la sortie des deux lacs. On pourra, après un an d'observation *en Afrique*, être suffisamment fixé quant aux conditions de la retenue et aux avantages à en retirer.

DÉPENSES :

I. *Reconnaissance générale.* — Cette reconnaissance devra être conduite par un ingénieur-spécialiste et un adjoint, travaillant par moment au tachéomètre et faisant quelques sondages rapides aux emplacements des barrages. Nous pensons qu'une année de voyage en Afrique suffira. Nous établirons les dépenses comme suit :

Equipement et matériel	fr.	10.000
Appointements ingénieur		30.000
Appointements adjoint		20.000
Nourriture des deux blancs		10.000
Dix travailleurs noirs en permanence		10.000
Frais de voyage en mer, en chemin de fer, en bateaux, sur le fleuve, en caravanes, assurance, frais médicaux, etc.		30.000
50 porteurs supplémentaires pendant 6 mois		20.000
Imprévu		20.000
Total.		150.000

II. *Premières études hydrauliques à la sortie du Tanganika et du Moero.* — Ces premières études, qui comportent l'établissement de la courbe de débit, et, par conséquent, l'installation d'appareils limnigraphes, nécessiteront la création de deux postes de jaugeage sur la Lukuga, à la sortie du lac Tanganika, et sur la Luvua, à la sortie du lac du Moero; chacun de ces postes occasionnera une dépense s'établissant comme suit :

Equipement et matériel	fr.	10.000
Un opérateur blanc		22.000
Un adjoint		12.000
15 travailleurs noirs en moyenne		10.000
Frais de voyage, assurance, appointements en congé, etc.		20.000
Imprévu		1.000
Soit	fr.	75.000
Au total pour les deux postes,	fr.	150.000

Dépenses en *Belgique* pendant la première année, direction, bureau d'études, etc. fr. 40.000.

Le total des dépenses pour la première année ne dépassera pas 350.000 francs.

DEUXIÈME ANNÉE

PROGRAMME :

I. *Études hydrauliques générales.* — Établissement des différentes courbes de débit, des graphiques de débit, des graphiques de niveau et des courbes de fréquence pour le fleuve et ses principaux affluents.

II. *Travaux géodésiques* établissant les superficies des lacs Tanganika, Moero, Léopold II et Tumba.

III. *Travaux tachéométriques* et *topographiques, études géologiques* du terrain de fondation aux emplacements des barrages.

IV. *Observations météorologiques,* pluviométriques, thermométriques, pouvoir d'évaporation, etc.

DÉPENSES :

I) *Études hydrauliques générales.* — Comme prévu dans le premier chapitre, 18 postes de jaugeage et d'observations seront probablement installés.

(Une partie des frais pour la Sanga et l'Oubangui pourra être supportée par le Gouvernement français et le Gouvernement allemand.)

Chaque poste nécessitera l'établissement d'une section de jaugeage (moulinets électriques dans la majorité des cas), d'un limnigraphe ou limnimètre enregistreur, d'une échelle limnimétrique et des repères indispensables, soit au total une dépense d'installation de 5.000 francs, soit pour 18 postes . . . . fr. 90.000

Chaque poste comprendra :

Un agent principal revenant, tous frais compris (voyage, frais médicaux, assurances, etc). . . . . . . fr.	18.000	
Un aide-blanc (opérateur et dessinateur) revenant, tout compris.	12.000	
Dix noirs en moyenne en permanence à 700 francs par an. . fr.	7.000	
Divers	3.000	
Total. . .	40.000	
Soit pour 18 postes . . . . fr.		720.000
Quatre ingénieurs-directeurs en Afrique, pour la direction des 18 postes de jaugeage, revenant tout compris à 25.000 fr., soit au total fr.	100.000	
Frais de déplacement en Afrique, main-d'œuvre, etc., pour les quatre directeurs, chacun 25.000 fr., soit au total . . . . . fr.	100.000	
Fr.		200.000
Un Directeur Général en Afrique, pour les études hydrauliques revenant tout compris à	30.000	
Frais de voyage, main-d'œuvre, etc., pour le Directeur Général.	50.000	
Fr.		80.000
Pour les études hydrauliques . . . . fr.		1.090.000

II. *Triangulations géodésiques* des lacs Tanganika, Moero, Léopold II et Tumba (une partie des frais pour les lacs Tanganika et Moero pourra être supportée par les Gouvernements allemand et anglais) 400.000

III. *Travaux tachéométriques, topographiques, géologiques* 350.000

IV. *Observations météorologiques*, pluviométriques, thermométriques, pouvoir d'évaporation, etc.		100.000
(Ces observations peuvent être poursuivies sans difficulté par les postes de jaugeage et même par certains postes tachéométriques. Une partie des frais pourra être supportée par les Gouvernements allemand, anglais et français).		
Dépenses en *Afrique* pendant la deuxième année . . . fr.		1.940.000
Etablissement en *Belgique* d'un bureau d'études et de dessin, fr.	30.000	
Direction et frais généraux	25.000	
Frais de publication	15.000	
Dépense en *Belgique* pendant la deuxième année . . . fr.	70.000	70.000
10 °/o pour les aléas		230.000
Total des dépenses pendant la deuxième année . . . fr.		2.240.000

TROISIÈME ANNÉE

PROGRAMME :

I. *Etudes hydrauliques générales* : Continuation des seules observations limnimétriques et des graphiques de niveau.

II. *Travaux géodésiques* : Achèvement des travaux établissant les superficies des lacs.

III. *Travaux tachéométriques, topographiques et géologiques* : Achèvement des travaux aux emplacements des barrages.

IV. *Observations météorologiques* : Continuation des observations pluviométriques, thermométriques, pouvoir d'évaporation, etc.

DÉPENSES :

I. *Etudes hydrauliques générales* : On poursuivra seulement les observations limnimétriques et les graphiques des niveaux. L'agent principal de chaque poste est supprimé ; les jaugeages ne sont plus nécessaires, les courbes de débit étant établies. Ces agents pourraient être utilement versés au service d'études des grandes forces hydrauliques, service dont l'établissement est indispensable comme nous l'avons déjà dit (*). 18 postes à 18.000 fr. et un directeur à 26.000 fr., soit fr.	350.000	
II. *Travaux géodésiques* : Achèvement des travaux . . . fr.	400.000	
III. *Travaux tachéométriques, topographiques et géologiques* : Achèvement des travaux	240.000	
IV. *Observations météorologiques* : Continuation des observations pluviométriques, thermométriques, pouvoir d'évaporation, etc. (en général, le même agent que pour les observations limnimétriques).	100.000	
Dépenses en *Afrique* pendant la troisième année . . . fr.	1.090.000	1.090.000

(*) Mémoire sur *Le problème des Grandes Forces Hydrauliques du Congo Belge*, Institut Solvay.

Les dépenses en *Belgique* seront légèrement augmentées par l'étude de tous les renseignements envoyés d'Afrique, soit une augmentation de 30.000 francs.

Dépenses en *Belgique* pendant la troisième année . . . . fr. 100.000 100.000

10 % pour les aléas 150.000 150.000

Total des dépenses pendant la troisième année . . . . fr. 1.340.000

QUATRIÈME ANNÉE

Programme et dépenses :

I. *Études hydrauliques générales* : Continuation des seules observations limnimétriques . . . . fr. 350.000

II et III. Entièrement terminées.

IV. *Observations météorologiques* : Continuation des observations pluviométriques, thermométriques, pouvoir d'évaporation, etc. 100.000

Dépenses en *Afrique* pendant la quatrième année. . . . fr. 450.000 450.000

Les dépenses en *Belgique* subiront encore une légère augmentation par suite des projets de barrages à exécuter et s'élèveront pendant la quatrième année à 150.000 150.000

10 % pour les aléas. 50.000 50.000

Total des dépenses pendant la quatrième année . . . . fr. 650.000

CINQUIÈME ET SIXIÈME ANNÉES

Programme des 5e et 6e années : Ce programme comportera, outre la continuation du service d'observation tel qu'il aura fonctionné pendant la quatrième année, la construction des barrages et la création des retenues.

Dépenses pendant les cinquième et sixième années :

Les dépenses pour le service d'observation limnimétrique et météorologique sont restées les mêmes ou devenues légèrement inférieures, soit par an . . . . fr. 450.000

Les dépenses en *Belgique* devront être portées à 180.000 francs en tenant compte du service des commandes et des expéditions pour la construction des barrages 180.000

10 % pour les aléas. 60.000

Total des dépenses pendant les 5e et 6e années . . . . fr. 690.000

RÉCAPITULATION DES DÉPENSES D'ÉTUDES A PRÉVOIR, NON COMPRIS LES DÉPENSES EN AFRIQUE RELATIVES A LA CONSTRUCTION DES BARRAGES :

1re année . . . . . . fr.	350.000
2e année	2.240.000
3e année	1.340.000
4e année	650.000
5e année	690.000
6e année	690.000
Total général pour toutes les Dépenses d'Études . . .	5.960.000
Soit fr.	6.000.000

Dépenses pour la construction des barrages :

Si nous avons pu montrer, par l'avant-projet de devis ci-dessus, que toutes les dépenses d'études ne dépasseront pas *6 millions de francs pour un total de 6 années*, il ne nous est malheureusement pas possible d'établir, même approximativement, le prix de la construction des barrages de Kiubo-Djuo, de N'Zilo, du lac Léopold II et du lac Tumba, au sujet desquels nous ne possédons aucun renseignement, même général.

En ce qui concerne les barrages du Tanganika et du Moero, bien que les renseignements que nous possédons soient très insuffisants pour dresser un devis, nous croyons pouvoir les estimer à un million de francs chacun (1). Nous savons, en effet, que ces barrages

(1) **Digue-déversoir du Tanganika. — Dans l'hypothèse d'une retenue de 46.204 millions de m³.** *Fermettes en bois : Calcul de la largeur :* Débit = 2.900 m³. — Vitesse de sortie, 5 mètres par seconde. — Hauteur d'écoulement, 2 mètres. — Largeur nécessaire, 300 mètres soit *400 mètres de largeur.*

Dépenses pour les fermettes en bois du pays, revenant à 15 francs le mètre courant, soit . . .	fr.	*60.000*
Dépenses pour la maçonnerie : Fondation pour les 400 mètres de fermettes . . .	1.800 m³	
» » » 2 culées déversoirs de 10 mètres de chaque côté des fermettes	200 »	
Total maçonnerie . . .	2.000 m³	
Maçonnerie à 200 francs le m³. . .		*400.000*
Dépenses pour la digue en terre avec corroi d'argile sur 300 mètres de largeur de chaque côté et 5 mètres de hauteur y compris la fondation . . .	37.000 m³	
A 10 francs le m³. . .		*370.000*
Dépenses totales. . .	fr.	*830.000*
	Soit	fr. 1.000.000

Digue-déversoir du Moero. — Dans l'hypothèse d'une retenue de 13.854 millions de m³. *Dépenses pour les fermettes* en bois du pays, sur 250 mètres de largeur, 2 mètres de hauteur, vitesse 4 mètres, débit 2.000 m³. . . fr. *30.000*

Dépenses pour la maçonnerie : 10 mètres de barrages sur chaque rive, 6 mètres de hauteur, y compris la fondation, 3 mètres largeur moyenne soit . . .	360 m³	
Seuil des fermettes. . .	1.500 m³	
Total des maçonneries. . .	1.860 m³	
A 350 francs le m³ . . .		*650.000*
Dépenses pour les digues avec corroi d'argile, 6 mètres de hauteur avec fondations, 200 mètres de longueur pour chaque côté, 19.200 m³ à 10 francs le m³ . . .		*192.000*
Dépenses totales . . .	fr.	*872.000*
	Soit	fr. 1.000.000

n'auront que deux ou trois mètres d'élévation et deux ou trois mètres de fondation. Les barrages, dans ces conditions, seront constitués presque complètement par des digues en terre ordinaire avec corroi d'argile trouvée sur place (*). Ces ouvrages ne comporteront, comme parties en maçonnerie, que le seuil et les culées d'un système de fermettes suffisamment nombreuses pour permettre l'écoulement des débits maximum. Ces fermettes pourront, du reste, être confectionnées en bois du pays, afin de réduire les dépenses.

Il est à remarquer que ces deux barrages sont les deux plus importants pour le problème de l'amélioration du régime du fleuve ; les autres barrages ne seront construits que si les dépenses sont en rapport avec leur utilité. Des études sur place pourront seules nous fixer à ce sujet.

APRÈS L'ACHÈVEMENT DES BARRAGES.

Les années qui suivront l'achèvement des barrages ne comporteront plus que :

1° Les dépenses permanentes pour les seules observations limnimétriques et météorologiques présentant un intérêt général et importantes à continuer pour le service d'études des forces hydrauliques ;

2° Les dépenses du service de signalisation des crues ;

3° Certaines dépenses enfin pour le service de surveillance et d'entretien des barrages.

* * *

Conclusion : 1° *Une première année de reconnaissance générale et d'observation de débit sur la Luvua-Luapula et la Lukuga* est, avant tout, nécessaire. Cette première année permettra de décider si, oui ou non, la suite des études est intéressante ; les *dépenses pour cette première année* ne dépasseront probablement pas *350.000 francs.*

2° Il sera nécessaire, pensons-nous, avant de commencer la construction des barrages, de poursuivre *pendant une 2me, une 3me et une 4me années des études approfondies en Afrique* ; ces études, y compris les dépenses en Belgique, ne s'élèveront pas, croyons-nous, à plus de *4.250.000 francs.*

3° Dès la 5me année, on pourra *construire sans risques les barrages étudiés.* Il semble que ceux du Tanganika et du Moero doivent coûter moins d'un million de francs chacun.

4° Il faudra *maintenir*, pendant les années de construction des barrages et *après leur construction, un service d'études* qui permettra de tirer tous les avantages possibles des retenues aménagées. Ces mêmes études serviront aux services d'Études des Forces Hydrauliques indispensables à installer. Ces dépenses d'études, après la construction des barrages, seront considérablement réduites.

Septembre 1913.

(*) Pour montrer la confiance que l'on peut avoir dans de simples digues en terre et argile, il suffit de rappeler que c'est ainsi qu'ont été érigés en Amérique les barrages suivants :

	Largeur	Hauteur
Nouveau Barrage du Croton (États-Unis)	250 mètres	50 mètres
Digue de l'Alamosa River (Californie)	152 »	51 »
Barrage de Nexaca sur le Rio de Nexaca	372 »	55 »
Barrage de l'Otay (Californie)		70 mètres

ANNEXE II

Renseignements au sujet des débits des rivières à étudier

(La Lukuga, la Luvua-Luapula, la Lufira et le Lualaba supérieur.)

Débit de la Lukuga :

La découverte de la Lukuga est incontestablement due à Cameron [1]. Cet explorateur a suivi la rivière sur 7 kilomètres jusqu'au moment où les herbes, probablement amenées par une crue du lac, l'ont arrêté. Il donne à la rivière une largeur de 500 mètres, des profondeurs atteignant 5 m. 50 et une vitesse de courant de 1 nœud et demi, soit 0 m. 60 à la seconde. Le débit, en comptant sur une profondeur moyenne de 3.5 mètres, aurait été de *1.000 mètres cubes par seconde.* Il est à remarquer que ses observations ont été faites à la fin de la saison des pluies et, par conséquent, à un niveau maximum du lac (mai 1874).

L'expédition Delcommune a, par contre, constaté fort peu d'eau dans la Lukuga moyenne et supérieure, en 1892 [2]; mais il est vrai qu'elle a exploré la rivière en pleine saison sèche. A Kabembi, la rivière n'avait guère que 50 mètres de largeur. M. Diderrich aurait trouvé pour la mesure de son débit, à la mi-novembre : 57 mètres de largeur, 1 m. 50 de profondeur, 0 m. 37 de vitesse de courant à la seconde.

Ce dernier chiffre surtout nous semble vraiment trop faible. Vu les grandes difficultés d'un jaugeage sans appareils de précision, nous pensons qu'il doit y avoir eu erreur. Les mêmes observateurs ont, semble-t-il, fait une erreur semblable en mesurant le débit du Lualaba à Kikondja au confluent du Lofoi ; ils n'ont trouvé, le 31 août 1892, que 253 mètres cubes, tandis que, beaucoup plus en amont, MM. Francqui et Cornet relevaient déjà pour le Lualaba, au commencement d'octobre de la même année, à N'Zilo, 275 à 300 mètres cubes, et en aval du confluent du Lubudi, 900 mètres cubes. Il se peut également que les débits mesurés par MM. Francqui et Cornet sur le Lualaba soient légèrement trop forts. Les erreurs dans les mesures de débit sont faciles à comprendre si l'on songe que le débit d'une rivière est le produit de trois facteurs plus ou moins difficiles à mesurer (largeur, profondeur et vitesse moyenne du courant) et si l'on remarque que les explorateurs ne possèdent pas, en général, les appareils de précision indispensables. Un débit réduit pour la Lukuga pourrait toutefois s'expliquer, dans une certaine mesure, par une obstruction momentanée du lit de la rivière à la sortie du lac.

M. Beutels, de la Société Géologique et Minière, nous a heureusement fourni des renseignements très complets sur le débit de la Lukuga. M. Beutels a découvert, en 1912, avec

[1] *A travers l'Afrique*, par Cameron, pages 217-221. — Voir aussi le *Mouvement Géographique* du 27 août 1911.

[2] *Mouvement Géographique* du 1er avril 1894.

M. l'ingénieur Xhignesse, le gisement de charbon existant sur les rives de la Lukuga, à sa sortie du lac Tanganika. Il a, par ses fonctions de prospecteur, été amené à traverser la rivière en pirogue, presque journellement pendant plus d'un an, tant en saison sèche qu'en saison de pluies. Ses affirmations peuvent donc être considérées comme très proches de la vérité : « le niveau de la rivière, d'après M. Beutels, ne change pas sensiblement en saison des pluies et en saison sèche, le lac jouant évidemment le rôle de régulateur et empêchant les grandes crues... La largeur minimum est de 80 mètres, le courant est manifestement fort (près de 2 mètres par seconde). Les profondeurs atteignent 4 mètres et plus ; profondeur moyenne : 3m,50, les rives étant à pic sur les bords. Les rives en dehors du lit de la rivière sont marécageuses. Le débit, dans ces conditions, serait de *500 mètres cubes par seconde. Les 20 premiers kilomètres de la Lukuga sont navigables* jusqu'aux deux villages de Lukombe et de Katumbi se faisant vis-à-vis ».

Le docteur Gérard, de la Société Géologique et Minière, nous confirme, de son côté, les observations de M. Beutels (80 à 100 mètres de largeur, 2 mètres par seconde environ de vitesse moyenne, grandes profondeurs empêchant le passage à gué).

Le débit de 500 mètres cubes, en saison sèche, renseigné par M. Beutels s'accorde fort bien, comme on le voit, avec le débit de 1000 mètres cubes constaté par Cameron, en saison des pluies.

Nous pensons que le régime de la Lukuga, depuis 1874, année de sa découverte par Cameron, n'a pas du changer considérablement. Le niveau du lac semble devoir être beaucoup plus fixe que certains voyageurs le prétendent.

La variation annuelle ne serait que de 1 mètre entre la saison sèche et la saison des pluies, d'après Lancaster (*) variation parfaitement concordante avec l'étendue du bassin de réception, l'importance de la précipitation atmosphérique et le pouvoir d'évaporation. Le supérieur des missions des Pères Blancs, que nous avons interrogé à ce sujet, confirme cette faible variation d'un mètre maximum et nous signale également la fixité du niveau du lac.

De nombreux voyageurs cependant donnent créance aux légendes du pays et pensent que le niveau du lac continue à descendre dans des proportions considérables (**). Ces voyageurs pensent que le débit de la Lukuga s'annule pendant un temps plus ou moins considérable et jusqu'à ce que le niveau du lac augmentant, la rivière prenne tout-à-coup des proportions considérables qui amènent une décrue plus ou moins brusque du Tanganika.

Rien de certain à ce sujet n'a été écrit et les légendes ont, pensons-nous, beaucoup exagéré des phénomènes irréguliers qui ont pu, en partie, survenir. Il se peut parfaitement qu'une certaine obstruction de la Lukuga amène, en saison sèche, une diminution notable du débit de la rivière ; mais nous avons peine à croire qu'il s'agisse là d'une situation pouvant perdurer pendant plusieurs saisons de pluies successives. La légère obstruction de la Lukuga à sa sortie du lac entraînerait forcément une crue du Tanganika ; le débordement plus fort qu'à l'ordinaire aurait vite ramené le niveau du lac à la normale. Vu l'étendue du

(*) Voir « Le *Régime du Congo* » d'après Lancaster et Meuleman. La Compagnie des chemins de fer du Congo supérieur aux grands Lacs africains donne 0 m. 75 pour appréciation de la différence de niveau annuelle.

(**) Nous lisons dans une lettre du capitaine Stairs, du 25 décembre 1891 (*Mouvement Géographique* du 13 mai 1894) :

« Le lac continue à baisser et, alors que pendant le séjour du capitaine Cambier à Karema, les eaux baignaient » les rochers du pied de la station, elles se sont retirées actuellement jusqu'à 819 mètres de là, avec un changement » de niveau d'exactement 5 m. 79 ».

Les vagues du Tanganika

La plage près d'Albertville.

Gros temps sur le Tanganika, près d'Albertville.

Gros temps. — Baie de K[illegible], près de Moliro.

Tanganika, la crue extraordinaire, au cours de ce phénomène exceptionnel, passerait même probablement inaperçue pour les riverains [6].

Cette légende du changement périodique de niveau du lac s'expliquerait, d'après M. Stappers et d'après nous, de la même façon que la légende de ses marées, par les vagues importantes que le vent soulève à certaines époques [7]; ces vagues provoquent parfois des ensablements sous forme de dunes au confluent des rivières, ensablements qui peuvent donner au pays des aspects très différents sans pour cela amener un changement sensible dans le niveau du lac.

D'après des sondages qui viennent d'être faits par M. l'ingénieur Xhignesse, de la Société Géologique et Minière, on trouverait partout, à l'embouchure de la Lukuga, un fond rocheux à 3 mètres sous le sable. Ce plateau, très curieux, s'étend, d'après M. Stappers, à 5 ou 6 kilomètres à l'intérieur du lac; on trouve encore, à cette distance, des profondeurs de quelques 30 à 40 mètres seulement, pour passer brusquement aux grandes profondeurs de 1.000 mètres et plus (profondeur maximum observée : 1.425 mètres ; l'altitude du lac n'étant qu'à 854 mètres, le fond de ce gouffre immense descend à 571 mètres en-dessous du niveau de la mer).

Le plateau rocheux signalé par M. Stappers montre, nous semble-t-il, que les mouvements du sol qui ont amené le déversement du lac Tanganika, par le seuil de Mitwanzi vers la Niemba, affluent du Congo Lualaba, sont d'ordre géologique et qu'il y a vraiment eu là un mouvement sismique considérable, encore inexpliqué. Cet affaissement d'un point du pourtour du lac ayant provoqué son déversement vers le Lualaba, *le seuil de Mitwanzi a parfaitement pu se creuser* grâce au débit important et régulier de la Lukuga *et le niveau du lac a pu systématiquement diminuer* pour arriver à son niveau actuel, qui tend vers son niveau définitif.

Débit de la Luvua-Luapula.

Le débit de la Luvua-Luapula, à sa sortie du lac Moero, a été mesuré pour la première fois, en 1892, par l'expédition Delcommune; le 8 août, pendant la saison sèche, le débit était de *520 mètres cubes environ.*

La mesure de 520 mètres cubes pour la Luvua-Luapula nous semble considérablement trop faible; nous pensons que, pour les mêmes raisons que celles précédemment exposées (manque d'appareil de précision), il doit y avoir eu erreur de la part des observateurs.

---

[6] Delcommune a signalé depuis de nombreuses années la possibilité d'un phénomène d'obstruction de la Lukuga. Nous lisons, dans un de ses rapports, *Mouvement Géographique* du 26 février 1911 :

« Sans aucun doute, la rivière constitue, *depuis un temps immémorial, le déversoir du lac.* Les crues de ce dernier sont *peut-être périodiques.* D'après les indigènes, il se remplirait en un espace de 40 à 50 ans. A l'époque où l'ont vu Cameron et Stanley, ses eaux atteignaient leur hauteur maxima, à cause sans doute de la fermeture de la Lukuga, dont l'entrée était probablement obstruée par des dunes amoncelées par les flots et consolidées par une végétation plus épaisse d'année en année. Une crue plus forte, telle que celle de 1878, amenée par une saison de pluies excessivement abondantes, rompit cette digue et, balayant tout sur son passage, rendit à la Lukuga ses fonctions de déversoir. A cette époque (1878), j'étais à Boma et, de mémoire d'indigène, on n'avait vu le fleuve Congo se gonfler à ce point. Tous les débarcadères des maisons de commerce étaient sous l'eau; les terrains où s'élèvent aujourd'hui les magasins de l'État à Boma-rive, ainsi que la maison hollandaise et l'hôtel, étaient inondés. Une grande partie du village de Ponta da Lenha fut enlevée par les flots. Un chalet à un étage, appartenant à la Société Valle et Azevedo, fut emporté jusqu'en pleine mer. A mon sens, cette crue extraordinaire ne fut pas seulement occasionnée par *l'abondance insolite des pluies,* mais aussi et surtout par l'écoulement brusque du trop-plein du Tanganika qui, précisément à la même époque, vit baisser le niveau de sa nappe liquide. »

[7] Nous lisons, à ce sujet, dans un article du docteur Schwertz, directeur du lazaret du Tanganika (*Mouv. Géogr.* du 28 juillet 1912) :

« Or, je dois dire que je n'ai *jamais observé la moindre trace de marée,* bien que j'ai passé à la rive du « lac des journées et des nuits. Seulement, quand le lac se calme après une forte tempête, *on a l'impression, en « regardant le sable et les pierres riveraines, que l'eau a baissé, c'est-à-dire s'est éloignée de la rive.* »

Le commandant Lemaire, au cours de sa mission scientifique du Ka-Tanga, a relevé dans le couloir à la sortie du lac Moero une largeur de 215 mètres et un courant violent (31 décembre 1898).

Débit de la Lufira :

Les débits mesurés par la Société Minière du Haut-Katanga à la chute de Muadingusha (mission religieuse du Mont-Koni), *à environ 200 kilomètres en amont des chutes de Kiubo-Djuo, varient de 22 à 80 mètres cubes à la seconde.*

Débit du Lualaba :

Le débit du Lualaba, immédiatement en amont des gorges de N'Zilo, a été pour la première fois mesuré à la fin de la saison sèche, le 1er octobre 1892, par le lieutenant Francqui et le géologue Cornet ; la largeur au village de Manvué était de 80 mètres, la profondeur de 3 à 4 mètres et la vitesse du courant de 1 mètre à la seconde, soit *275 à 300 mètres cubes environ* (*).

Le débit du Lualaba en amont du Lubudi était, le 30 octobre 1892, de 675 mètres cubes à la seconde (150 mètres de largeur, 2 m. 25 de profondeur et une vitesse de courant de 2 mètres).

Le débit du Lubudi était de 218 mètres cubes (largeur 145 mètres, profondeur 1 mètre, vitesse du courant 1 m. 50). Les plus fortes crues dépassent de 2 m. 50 le niveau mesuré.

Le débit du Lualaba, immédiatement en aval du confluent, était par conséquent de 900 mètres cubes environ.

Septembre 1913.

(*) Voir *Mouvement Géographique* du 11 décembre 1892, page 142.

www.ingramcontent.com/pod-product-compliance
Ingram Content Group UK Ltd.
Pitfield, Milton Keynes, MK11 3LW, UK
UKHW022102170726
13837UKWH00003B/1046

9 782329 228853